PÁSCOA:
TEOLOGIA, TRADIÇÃO, SÍMBOLOS

IRMÃO NERY, FSC

Páscoa

TEOLOGIA, TRADIÇÃO, SÍMBOLOS

EDITORA SANTUÁRIO
Aparecida-SP

Copidesque: Ana Lúcia de Castro Leite
Revisão: Elizabeth dos Santos Reis
Diagramação: Juliano de Sousa Cervelin
Capa : Marco Antônio Santos Reis
Ilustrações: Adriano Zaggo

Dados Internacionais de Catalogação na Publicação (CIP)
(Câmara Brasileira do Livro, SP, Brasil)

Nery, Israel José
Páscoa: teologia, tradição, símbolos / Irmão Nery. – Aparecida, SP: Editora Santuário, 2005.

Bibliografia.
ISBN 85-7200-976-0

1. Arte e simbolismo cristão 2. Jesus Cristo – Ressurreição 3. Páscoa – Celebração I. Título.

05-0707 CDD-264.0272

Índices para catálogo sistemático:

1. Páscoa: Celebrações: Observância religiosa: Cristianismo 264.0272

Composição, impressão e acabamento:
EDITORA SANTUÁRIO - Rua Padre Claro Monteiro, 342
Fone: (12) 3104-2000 — 12570-000 — Aparecida-SP.

Ano: 2009 2008 2007 2006 2005
Edição: **10 9 8 7 6 5 4 3 2 1**

SUMÁRIO

Apresentação

A festa principal do cristianismo é a Páscoa de Jesus Cristo. Nela, é celebrada a Ressurreição de Jesus, vitorioso e glorioso sobre o demônio, o pecado e a morte. Do sepulcro, o Filho de Deus surge como o Cristo da fé, confirmado, definitiva e cabalmente, pelo Pai e pelo Espírito Santo, como o Ungido, o Messias, o Emanuel — Deus conosco. Nós, os seguidores de Jesus Cristo ressuscitado, vivemos, na fé, o que a teologia denomina de "memorial do mistério pascal", pelo qual o mistério do passado (mas para Deus não há passado) torna-se presente para nós, enquadrados no tempo, e nós nos tornamos presentes àquele mistério celebrado pela comunidade cristã.

Abrindo os olhos e os ouvidos, percebemos, na sociedade e nas igrejas, algo diferente do que é comum nos demais momentos do ano. A Semana Santa e a Páscoa envolvem muita gente. Há os que se sintonizam com os acontecimentos religiosos cristãos e judeus, que nessa época são evocados; outros aproveitam, o mais que podem, a oportunidade para incrementarem o comércio, com produtos específicos para essas datas, que já se revelaram boas para os negócios. Assim é, por exemplo, com o peixe, para a Sexta-feira Santa, os ovos de chocolate e outros produtos, para a festa da Páscoa. As casas comerciais enfeitam-se com motivos próprios para aqueles dias, como coelhinhos de páscoa e ovos de páscoa. Nas escolas, há algum tema interdisciplinar sobre a Páscoa. E nas igrejas e templos as celebrações são específicas, ora de tristeza e luto, por causa do sofrimento e morte do Senhor Jesus e seu sepultamento, ora de intenso júbilo por sua gloriosa ressurreição.

A sociedade, aos poucos, seculariza-se, empurrando para a dimensão pessoal e comunitária as questões religiosas. Diz-se que a sociedade é para todos os cidadãos, e é preciso que se evite, o mais possível, qualquer privilégio a uma determinada religião ou grupo religioso e, mais ainda, qualquer desavença religiosa. Essa posição, que tem seu lado positivo, acarreta, porém, enormes desvantagens para os cristãos, mormente os católicos (maioria na sociedade brasileira), e para algumas Igrejas históricas, que, conscientemente, procuram respeitar as demais religiões e grupos religiosos. Isso, sabemos bem, nem sempre acontece com alguns grupos, cujo modo de interpretar e viver a fé, não lhes permite não impô-la aos outros, criando, assim, dificuldades para o convívio social.

Nesse contexto de pluralismo religioso, de acolhida e de convivência fraterna com tantos tipos de opção religiosa, é missão fundamental da Igreja Católica firmar as convicções de seus membros, para que sejam testemunhas dos valores que vivem, e aprendam a dialogar, respeitar e conviver com o diferente.

Este livro entra como um dos subsídios para essa tarefa da Igreja. Ele brotou ao longo de mais de vinte anos de trabalho em escolas e em paróquias. Teve várias edições, mas ficou fora da praça por algum tempo. Agora, enriquecido, volta a lume para continuar sua missão.

Agradeço a todos os que me enviaram contribuições, e a minha Província Lassalista de São Paulo, que me permitiu tempo e meios para mais esta publicação. Sou grato também ao jovem, Adriano Zaggo, por algumas das ilustrações que completam a mensagem deste livro e abrilhantam sua apresentação.

O autor

primeira parte

A Páscoa Cristã

O período litúrgico da Páscoa tem seu início na Quarta-feira de Cinzas e termina no dia de Pentecostes. Há, nesse período, três etapas nitidamente distintas: a) Quaresma: da Quarta-feira de Cinzas até o Domingo de Ramos; b) Semana Santa: da Segunda-feira da Semana Santa até o Sábado dessa mesma semana. Nela está incluído o Tríduo Pascal, que vai da Quinta-feira Santa até o final do dia de Sábado Santo. Pode-se até mesmo fazer desses três dias, dos mais santos do ano litúrgico, uma etapa; c) Da Páscoa até a festa de Pentecostes (cinqüenta dias depois da Páscoa), quando celebramos a etapa da pós-Páscoa.

1

PÁSCOA: CENTRO DO ANO LITÚRGICO

1. O ano segundo a Igreja

A iniciação ao Ano Litúrgico faz parte da formação dos cristãos. Ele constitui um itinerário privilegiado para aprofundamento nos principais mistérios da religião cristã, no conhecimento e meditação da Palavra de Deus, e na vivência da fé. Para facilitar o crescimento de seus fiéis, a Igreja católica organizou o ano ao redor da pessoa, mensagem e missão de Jesus. Ela, então, distribuiu períodos, semanas e dias do ano dedicados a algo específico relacionado com Jesus. E as festas cristãs foram distribuídas no decorrer do ano, tendo como centro o núcleo da fé cristã, o mistério pascal.

a) Páscoa

Para o cristianismo, portanto, na estruturação do Ano Litúrgico, a festa base e origem de todas as demais é a da Páscoa, na qual a Igreja celebra a Ressurreição do Senhor. Ela é a maior das solenidades da fé cristã, pois nela se comemora o acontecimento maior para a humanidade, isto é, a consumação de sua redenção pelo Filho de Deus, encarnado na história por meio da Virgem Maria.

Neste livro centraremos nosso estudo, nossa atenção e nossa oração no mistério pascal, na paixão, morte e ressurreição de Jesus. E como o mistério pascal de Jesus

Cristo coincidiu com a festa da páscoa dos judeus, nossa Páscoa cristã leva em consideração, também, as grandes lições da páscoa judaica (cf. Êx 12).

Na maior parte das igrejas, a celebração da Páscoa, sobretudo no Ocidente, acontecia no domingo seguinte ao 14 de Nisãn, isto é, a lua 14 ou lua cheia depois do equinócio da primavera, segundo o calendário judeu.

Na sexta-feira anterior à Páscoa, a Sexta-feira Santa, celebra-se a morte de Cristo e, por isso, é o único dia sem a celebração da Eucaristia, cuja instituição é comemorada no dia anterior. Mas, a Sexta-feira Santa comporta comunhão eucarística, que é realizada na celebração da Paixão do Senhor, a partir das 15 horas. E, num sentido de maior comunhão com os sofrimentos redentores de Jesus, esses dois dias e, também, os demais dias anteriores à Páscoa (Semana Santa), são dedicados ao jejum, à esmola e à oração. Desde o princípio do século III, a celebração da Ressurreição prolonga-se com uma cinqüentena de dias, que, depois, tem seu coroamento com a festa de Pentecostes.

b) Pentecostes

Foi a partir do século IV, porém, que o qüinquagésimo dia da Páscoa tornou-se particularmente solene, dando um destaque especial à festa de Pentecostes, cada vez mais entendida como vital para a Igreja e sua missão. E essa data passou a ter a mesma importância que a da Páscoa, com a celebração solene da vinda do Espírito Santo, que deu efetivamente início à ação missionária da Igreja por todo o mundo e, portanto, à história do cristianismo.

Essas duas festas, *Páscoa e Pentecostes*, são de origem apostólica. Em torno delas foram sendo estabelecidas as demais festas do calendário litúrgico.

c) Natal

Devido a diversas heresias sobre a pessoa de Jesus, a Igreja procurou elaborar argumentos para sustentar sua fé no Filho de Deus. Ensinamentos vários levantavam dúvidas, pois divulgavam interpretações erradas sobre o que estava registrado no Novo Testamento sobre Jesus, criando muita confusão entre os fiéis. Para a Igreja era fundamental firmar uma interpretação correta sobre Jesus, o próprio Filho de Deus, que se encarnou, viveu, ensinou, fez prodígios, deixou-se ficar presente na Eucaristia, deu a vida por nós na cruz para nos salvar, ressuscitou, voltou para o céu e, glorioso, um dia voltará nos fins dos tempos.

Então, aconteceram diversos Concílios ecumênicos cristológicos. Foram grandes assembléias de bispos, biblistas e teólogos, convocados pelo Papa. Eles pesquisaram, debateram, argumentaram e escreveram suas conclusões a respeito do que deve ser obrigatório crer sobre Jesus Cristo e o que ele ensinou. E esses Concílios fixaram, do modo mais exato e claro que podiam na época, a posição doutrinal da Igreja, que exigia dos fiéis assentimento de fé a esses ensinamentos, denominados dogmas.

Esse clima de discussão sobre Jesus, evidentemente, influenciou as celebrações litúrgicas. Reforçava-se, assim, a centralidade de Jesus Cristo, nas reuniões de culto, e desenvolviam-se, aos poucos, a reflexão, a meditação e a celebração a partir dos principais fatos e mistérios de sua vida. E para alguns deles, eram realizadas solenidades especiais, devido à importância deles para a fé.

No século IV apareceu a celebração do nascimento de Jesus, o Natal. O intuito foi o de solenizar a memória da encarnação do Filho de Deus, nascido pobre, em Belém, de Maria Virgem. Havia grupos de cristãos que não aceitavam a possibilidade da encarnação de Deus. Incluiu-se, no Natal, além de firmar a fé na encarnação, o combate às festas pagãs do solstício de inverno, nas quais havia a adoração do deus sol. A celebração principal dos pagãos acontecia em Roma, no dia 25 de dezembro. Não demorou muito e o Natal superou as solenidades do solstício romano, e assim se fixou, artificialmente, a data de 25 de dezembro para a solenidade do nascimento de Jesus.

d) Epifania

A terceira festa mais antiga da Igreja, a Epifania, ou manifestação de Jesus aos pagãos, foi introduzida antes mesmo da festa do Natal. Ela já existia no século II, no Oriente e, depois, no Ocidente. É importante ligá-la à expansão do cristianismo entre os povos conhecidos da época, legitimando, por assim dizer, a universalidade da fé cristã, pois Jesus dera aos Apóstolos o mandato missionário: "Ide, fazei discípulos em todas as nações" (Mt 28,29).

e) Festas dos Santos

O culto dos santos, ao mesmo tempo em que é uma

herança bíblica, ligada à veneração dos "túmulos dos justos", encontrou sua expressão cristã em torno da valorização, cada vez maior, dos heróis cristãos, os mártires. Eles preferiram dar a vida a negar Jesus ou renunciar a fé e, com isso, passaram a ser muito valorizados pelos cristãos, pois seguiram Jesus até à morte cruenta.

Mas, obviamente, desde o começo do cristianismo, Nossa Senhora, a Mãe do Senhor Jesus, ocupou sempre um lugar de proeminência. O carinho da Igreja para com a Mãe do Salvador cresceu tanto, que várias festas a ela foram sendo dedicadas ao longo do ano. E entre as heresias a respeito de Maria, que a Igreja teve de combater, principalmente, duas ocuparam seus esforços para estudos e declaração doutrinal. É dogma, portanto, que Maria é Mãe de Deus, pois Jesus, seu filho único, é o Filho de Deus, portanto, é Deus. E, também, que Maria gerou Jesus Cristo, sem o intercurso sexual com homem algum, isto é, virgem, pois, segundo o anúncio do Anjo, Jesus é Filho do Altíssimo, resultado de uma ação milagrosa especial de Deus Pai, por obra divina do Espírito Santo, em Maria.

A Igreja, oficialmente, dedica a Maria várias festas, no Ano Litúrgico: a Anunciação, seu Nome, a Apresentação no Templo, sua maternidade divina, sua Imaculada Conceição, sua Assunção de corpo e alma ao céu, logo após sua morte etc. E a devoção e o amor dos fiéis criaram para Maria diversos títulos de honra (com nomes de virtudes, cidades, situações da vida etc.). E, para muitas dessas denominações, há festas na liturgia: Nossa Senhora Aparecida, Nossa Senhora de Fátima, Nossa Senhora das Graças, Nossa Senhora do Perpétuo Socorro, Nossa

Senhora Auxiliadora, Nossa Senhora do Bom Parto e outras.

2. Importância do Ano Litúrgico

A Igreja recorda, no decorrer do Ano Litúrgico, todo o mistério de Cristo, desde sua Encarnação ao mistério da Santíssima Trindade, incluindo a espera de sua vinda definitiva nos final dos tempos. Ela distribuiu, nos domingos e dias da semana, passagens da vida, ensinamentos e missão de Jesus.

Nunca se pode esquecer, porém, que todas as festividades convergem para Jesus. As celebrações de Maria e dos Santos somente têm sentido, se em função de Jesus e, por ele, em função do Pai, pelo Espírito Santo. Após a festa de Pentecostes foi colocada a grande solenidade da Santíssima Trindade, ápice de todo o mistério de Jesus e da história da Salvação.

Os fiéis se reúnem para o serviço litúrgico, mormente no domingo, quando a Igreja, congregada pela fé e pelo amor, faz a memória solene da Ressurreição do Senhor, como o relembra, em sua Encíclica *Dies Domini* (O Dia do Senhor), o Papa João Paulo II, em 1998.

Os primeiros teólogos cristãos, os Padres da Igreja, ensinavam que a reunião do povo cristão para celebrar alegremente a memória de um acontecimento passado, no dia do ano que corresponde à data em que ocorrera, ou se supõe que ocorreu, deve, não apenas ser um louvor a Deus — essência do culto cristão —, mas também ocasião de crescimento espiritual, na vivência plena do mistério celebrado. É importante viver sempre em plenitude a celebração na qual se participa. O ritual ajuda, é itinerário, mas não pode aprisionar os fiéis. O mais importante é o sentido profundo do que se faz memória na fé. A celebração litúrgica requer o envolvimento total do cristão, pela participação pessoal interior intensa, mas também comunitária, e, outrossim, por gestos, palavras e cantos.

3. Organização do Ano Litúrgico

Quatro semanas antes do Natal está o Advento.

a) Advento

É o que está para vir e que vai acontecer. Na fé cristã, Advento refere-se à espera da vinda do Messias, o filho de Deus, Jesus Cristo. Resumidamente podemos dizer que há cinco sentidos para o Advento. São Bernardo de Claraval nos ensina que há três vindas de Jesus: a) uma primeira, a do nascimento de Jesus, encarnando-se na história, e para a qual houve um longo tempo de advento; b) uma vinda intermediária, pela qual recebemos espiritualmente o Senhor e para a qual estamos sempre em advento; c) a segunda vinda acontecerá no fim dos tempos, quando da vinda definitiva de Jesus. Para ela tendemos em advento permanente.[1] Mas nós podemos detalhar mais os sentidos do Advento:

1. Claraval, São Bernardo. *Sermão 5, no tempo do Advento do Senhor.* Cf. *Liturgia das Horas*, vol. 1, Primeiro Domingo do Avento, p. 137 e 138. Ed. Vozes et alii, 1995.

— *No Antigo Testamento,* o Advento é a promessa, o anúncio, a preparação e a expectativa da vinda do Messias. Em várias passagens do AT se alude ao Messias que há de vir. Isaías (7,20-15) diz que uma virgem dará à luz um menino que se chamará Emanuel, isto é, Deus conosco.

— *No Novo Testamento.* Esse Advento do Messias começa na anunciação a Maria e vai até o nascimento de Jesus, em Belém. O mundo vive, com Maria e com profunda expectativa, os nove meses de gestação da Mãe do Messias, o Emanuel. Ela e José, o pai adotivo, que Deus Pai presenteou a Jesus, representam a humanidade inteira, e a casa deles representa o universo, nessa privilegiada espera do nascimento do Emanuel.

— *Na Liturgia.* A Igreja vive na fé, nas quatro semanas do Advento, esses dois momentos acima referidos, isto é, o do AT e o do NT. Os textos litúrgicos, a celebração dominical específica do Advento, a Novena de Natal e a Campanha da Evangelização ajudam-nos a bem viver e celebrar esse precioso período do Ano Litúrgico, o Advento de Jesus.

— *No dia-a-dia.* O Advento, no dia-a-dia de nossa vida, coloca-nos na mística de viver na presença do Senhor: Ele está no meio de nós, congregados em seu nome; sua presença é especial na Palavra e na Eucaristia; nós somos templos vivos de Deus. Mas seu advento principal no decorrer da história, como ele mesmo o diz, acontece no pobre. Um dia, quem sabe, surpresos, ouviremos de Jesus: "Vinde, benditos de meu

Pai! Entrai para a glória, pois Eu tive fome, sede... e cuidastes de mim!" (cf. Mt 25,31-46).

— *No final dos tempos.* Há um final dos tempos para cada um de nós, quando morremos. Esperamos ser acolhidos por Deus. Mas Jesus alerta-nos para estarmos vigilantes e preparados sempre, porque não sabemos o dia e nem a hora... O outro final dos tempos acontecerá para todos e para o universo inteiro. A teologia denomina esse acontecimento final de coroamento da obra de Deus, isto é, *escatologia.* E a glorificação total do Senhor tem o nome de *Parusia.* E acontecerá, também nesse mesmo instante, a segunda vinda de Jesus, para julgar os vivos e os mortos.

b) Período do Natal

O período do Natal estende-se do Natal às celebrações da manifestação de Jesus ao mundo (manifestação, em grego, é Epifania): festa dos santos reis magos e do batismo de Jesus.

c) Quaresma

Como acima já comentamos, corresponde aos quarenta dias que precedem a festa da Páscoa.

d) Período da Páscoa

Inclui a Semana Santa, passa pela Páscoa e vai até Pentecostes.

e) Período Comum

A maior parte do Ano Litúrgico, com mais de trinta semanas, corresponde ao período denominado Comum do Ano Litúrgico, dedicado a acompanhar a vida pública de Jesus, suas viagens, seus ensinamentos, seus milagres, seus encontros com as pessoas, suas parábolas etc.

É evidente que a preparação adequada dos fiéis para a participação frutuosa nos mistérios divinos, ao longo do Ano Litúrgico, é necessária. E, nessa missão, têm papel importante os presbíteros, os agentes de Pastoral, especialmente os catequistas e os animadores da Liturgia.

Importa, realmente, que os mistérios divinos, celebrados pela comunidade cristã, penetrem o interior dos seguidores de Jesus e, paulatinamente, os santifiquem e os transformem.

Mas, para acontecer uma boa celebração, é conveniente, ainda, mesmo em extrema pobreza, um grande zelo em relação ao lugar, aos cânticos, ao ritmo das músicas, pois tudo deve ser de acordo com os diferentes momentos e tempos do Ano Litúrgico e da própria celebração. Enfim, é preciso um esmerado cuidado com tudo o que envolve a celebração. Assumam, portanto, os responsáveis e todos os fiéis, a respectiva responsabilidade para, pedagogicamente, todos serem ajudados no contínuo crescimento espiritual, comunitário e missionário, abeberando-se de uma preciosa fonte para a vida cristã, que é a do Ano Litúrgico.

2

QUARESMA

a) O termo

A palavra quaresma era, antigamente em latim, um adjetivo. Ela estava no início de uma frase e, curiosamente, passou a denominar todo um importante período do ano litúrgico. Eis a frase em latim: "Quadragésima die Christus pro nobis tradétur", que se traduz assim: "Daqui a 40 dias (no quadragésimo dia) Cristo será entregue por nós" (para nossa salvação). Com o tempo chegou-se ao termo "quaresma", uma abreviação de quadragésima. Na frase latina, em questão, quadragésima está no feminino porque, em latim, *dia*, além de masculino, é também feminino. A língua portuguesa manteve o termo quaresma no feminino.

b) O período ou etapa da Quaresma

É, portanto, de quarenta dias a duração da Quaresma. Ao longo dessa etapa, os cristãos preparam-se para a Páscoa, a mais importante festa do calendário litúrgico, pois celebra a Ressurreição de Jesus, que é a base principal da fé cristã.

Eles fazem um confronto especial entre suas pessoas, suas vidas, suas convicções com Jesus incompreendido, caluniado, perseguido; com o testemunho de fidelidade e coerência com que ele vivia; com a total entrega de Jesus à vontade do Pai e de doação de amor à humanidade. Esse salutar confronto leva o cristão, cada ano, a aprofundar sua conversão ao amor de Deus e dos irmãos, à compreensão da Palavra divina, e a intensificar a prática dos princípios essenciais da fé, especialmente a prática da caridade.

Cremos que, sem dúvida, somos salvos pelo Senhor e não por nossas próprias forças e práticas religiosas (cf. Hb 9,11-14,22; 13,12). Mas não somos neutros ou passivos quanto à ação de Deus em nós. Damos, sim, nossa contribuição, por meio da fé e do amor (cf. Hb 15,9), à ação salvadora de Jesus. Acreditamos que é preciso que acrescentemos a humilde acolhida da santa vontade de Deus, o cumprimento de seu Plano de Amor (cf. Tg 4,7-10) e a vivência em oração e na verdade (cf. Jo 17,17; 1Tm 4,5). É nossa parte, pois Deus respeita nossa liberdade de opção, e não nos impõe a salvação. E para isso, com humildade, reconhecemos que precisamos da ajuda da graça, se queremos de fato que nosso querer e fazer se pautem pela vontade de Deus, já que somos inclinados a não aceitar Deus (cf. Fl 2,13) ou o que ele quer para nós.

c) Quando surgiu a Quaresma

A Quaresma foi estabelecida na Igreja apenas no século IV. Ela é mencionada (mas somente como uma semana ou mesmo três dias antes da Páscoa) no Concílio de Éfeso, em 325 d.C. Pouco depois, em 360 d.C., o Concílio de Laodicéia decidiu pela oficialização de sua observância, aumentando, porém, o tempo de preparação para a Páscoa. Isso porque a Igreja percebeu que era importante dispor de mais dias, para que se pudesse meditar os relatos da perseguição e martírio de Jesus, que os evangelistas destacam tanto e, assim, preparar adequadamente o evento cristão central, que é a Páscoa. Com o tempo acentuaram-se, até mesmo com certo rigor, a penitência, como modalidade de buscar o assemelhamento com Jesus sofredor, mas também, o pedido de perdão dos pecados. O jejum chegou a ser um dos exercícios mais fortes, com redução da comida e proibição, principalmente da carne, durante toda a Quaresma.

d) O número 40

Esse número é bastante significativo dentro das Sagradas Escrituras. Recordemos alguns momentos da história bíblica em que ele aparece: 1) O dilúvio teve a duração de quarenta dias e quarenta noites e foi a preparação para uma nova humanidade, purificada pelas águas; 2) Durante quarenta anos o povo hebreu caminhou pelo deserto rumo à Terra Prometida, enfrentando a perigosa saga da libertação do jugo escravo sob o Faraó, a travessia do Mar Vermelho, a caminhada tortuosa através dos desertos rumo à Terra Prometida e as lutas para a conquista de Canaã ou Palestina; 3) Moisés jejuou quarenta dias e quarenta noites no Monte Sinai; 4) Antes de receber o perdão de Deus, os habitantes da cidade de Nínive fizeram penitência por quarenta dias, depois de veemente pregação do profeta Jonas; 5) O profeta Elias caminhou quarenta dias e quarenta noites para chegar à montanha de Deus; 6) E, finalmente, Jesus jejuou durante quarenta dias e quarenta noites, em sua preparação imediata para cumprir sua missão entre os homens.

Os povos antigos atribuíam ao número quarenta diversos significados. Um deles tem importância especial para os cristãos: um tempo de intensa preparação para acontecimentos marcantes na História da Salvação. Mas sobre esse tema voltaremos a discorrer neste livro.

e) Quaresma no Brasil

A partir de 1964, a Igreja no Brasil incluiu, no espírito e na prática da Quaresma e na devoção dos fiéis, que tradicionalmente a acompanham com muita piedade, a caminhada de Jesus para a Páscoa, um reforço à vivência do amor, no sentido de caridade que liberta, visto que Jesus deu sua vida para nos salvar. Esse enriquecimento ao sentido de Quaresma aconteceu no Brasil, com a opção de incluir nela a Campanha da Fraternidade (CF). A Igreja quis que a Campanha, em sua organização e realização, fosse uma mediação, muito prática, para a vivência do amor; desenvolvesse e aprofundasse a fraternidade, segundo o novo mandamento: amar o próximo como Jesus nos amou.

Cada ano, então, o tema escolhido para a CF é tratado no espírito quaresmal, que é de conversão e de ação. Assim, a meditação, a oração, o jejum, a esmola — no sentido de fé em ação — são, também, explicitados em práticas da caridade libertadora. Como apoio pastoral, a Igreja oferece um texto-base sobre o tema, geralmente levando em conta o esquema *Ver, Julgar, Agir*. Dele brotam, em seguida, diversos outros subsídios, motivando e estimulando os fiéis a levarem a meditação sobre Jesus perseguido e sofredor, e as demais práticas da Quaresma, para atitudes concretas em favor do outro, privilegiadamente os empobrecidos, os sofredores.

f) Conversão, oração, jejum e esmola

O foco da Quaresma sempre foi e continuará sendo nossa conversão ao Senhor e ao que ele quer de nossa vida e do mundo. Nossa conversão pessoal e institucional, porém, deve sempre se concretizar, ser visível. Há, na prática católica da Quaresma no Brasil, três vertentes para o processo de conversão, como abertura e disponibilidade ao amor de Deus.

Uma vertente é a intensificação da *Oração* (leitura orante da Palavra de Deus e, para isso, a Igreja já colocou os textos bíblicos mais apropriados para a Quaresma e, também, a meditação e a participação na Eucaristia...). Nesse sentido está, também, o exercício do autodomínio de si mesmo, realizado por uma das dimensões do *jejum*. As pessoas são motivadas, pelo clima espiritual da Quaresma, a abster-se de certas comodidades e prazeres físicos por quarenta dias. Elas levam em conta os quarenta dias e quarenta noites, que Jesus passou orando e fazendo jejum no deserto (cf. Mt 4,1-2). E, então, procuram uma vida mais simples, frugal, sem consumismo e sem egoísmo, o exercício da partilha dos bens pela esmola, como participação direta na promoção das pessoas vitimadas, empobrecidas e excluídas socialmente.

A outra vertente refere-se ao comunitário e social que constituem uma outra dimensão do *jejum* e da *esmola*, isto é, a operacionalização da caridade libertadora. A doação solidária e fraterna de Jesus, meditada com especial ênfase na Quaresma, leva-nos a viver mais intensamente a fraternidade do mandamento novo. Aqui entra a caridade assistencial, sem dúvida, mas muito mais ainda a caridade promocional e a caridade político-libertadora. Esta última não se limita a tentar sanar as muitas mazelas humanas que esmagam milhões de pessoas, mas tenta ir às causas de tanto egoísmo, da violência, da pobreza, da opressão, da exploração e da exclusão.

A terceira vertente refere-se à caridade ecológica, pois a natureza, como diz São Paulo (cf. Rm 8,18-25) espera ansiosa pela libertação da corrupção, a que foi submetida pelo pecado do ser humano, na esperança de participar da liberdade e da glória dos filhos e das filhas de Deus. É preciso, aqui, o exercício da cidadania cósmica e, também, de se ter postura política para o cumprimento das leis de preservação ambiental, denúncia de desmatamento irresponsável e da poluição, denúncia do desrespeito aos animais e às plantas.

Mas recordemos, ainda, que a Quaresma foi, dos séculos IV ao VI, o tempo privilegiado para o catecumenato,[2] que visava a preparação de alguém para ser

2. NERY, Irmão. *Catequese com Adultos e Catecumenato, história e proposta*. Ed. Paulus, 2001, São Paulo, SP.

cristão. Com uns três anos de duração, esse modelo da catequese fazia da Quaresma uma espécie de grande retiro para os catecúmenos, os que estavam pedindo o batismo. Ênfase especial era dada à última quaresma que precedia a celebração do ingresso oficial no cristianismo. Um dos objetivos era o de ajudar o candidato a firmar sua conversão, sua mudança de vida, abraçando inclusive a possibilidade de morrer a trair a fé.

O encerramento do catecumenato acontecia na solene Vigília Pascal, na noite do Sábado Santo (meia-noite). Os catecúmenos eram batizados, crismados e recebiam a Primeira Eucaristia. Recebiam, portanto, os Sacramentos da iniciação cristã. Hoje, é preciso continuar resgatando o teor profundamente pascal desses Sacramentos, fundamentais para a vida cristã.

Os pastores da Igreja faziam questão de, pessoalmente, complementar tudo o que fora feito nos três anos da catequese de iniciação, ministrando eles mesmos aos recém-batizados (os neófitos) as denominadas Catequeses Mistagógicas. O objetivo era subsidiar os novos fiéis a se adentrarem nos mistérios da fé cristã. O termo *mistagogia* tem exatamente esse significado de *guiar para dentro do mistério*.

3

Alguns Símbolos da Quaresma

a) As cinzas

Cinzas têm a ver com plantas, terra, barro, portanto, com a fragilidade do mundo e, nele, do ser humano, isto é, com a finitude de tudo neste mundo. Na Bíblia encontramos a bela parábola da criação do ser humano, homem e mulher, com tudo o que já existia de criado antes, pelo poder absoluto e amoroso de Deus que, do nada, mas por sua palavra (*dabar*), tudo criou: "Deus formou o homem com o pó da terra" (cf. Gn 2,7) e o chamou de "Adão" (*Adamah*), cuja tradução é simplesmente "surgido do húmus da terra". E, ainda, recorda-lhe de modo claro: "Voltarás à terra, pois dela foste feito" (cf. Gn 3,19).

Deus, porém, imprime no ser humano uma diferença essencial em relação a tudo o que existe na face da terra. Ele recebeu o próprio *espírito vital* do Senhor: "Então Deus modelou o homem com a argila do solo e insuflou em suas narinas um hálito de vida (*ruach*) e o homem se tornou um ser vivente" (Gn 2,7). Criado à imagem e semelhança do próprio Criador, a pessoa humana, apesar de ser, com isso, única e a mais elevada das criaturas, continuará, porém, frágil e limitada, porque criatura.

Mais tarde, Abraão confessa a Deus sua consciência de ser limitado e frágil: "Apesar de eu ser apenas pó e cinza, atrevo-me, Senhor, a convosco falar" (Gn 18,27). E isso se prolonga por toda a história de Israel. Assim diz o Sl 17,32: "pó e cinza são todos os homens", e, também, o Sl 104,29: "todos morrem e voltam ao pó". Em outro livro do Antigo Testamento lemos: "... todos caminham na mesma direção e meta: todos saíram do pó e todos voltarão ao pó" (*Coélet* ou Ecl 3,20). E o livro de Jó é todo construído sobre a fragilidade e a fortaleza do ser humano. Jó que, diante de tantas desgraças em sua vida, sendo atingido por doença grave, vendo tudo cair em ruína a seu redor e, especialmente, o que lhe era mais caro, coloca-se humildemente, com fortaleza impressionante, em atitude de confiança plena no Senhor (cf. 42,6).

Jesus, por sua vez, não foi contra alguns costumes religiosos de seu tempo, se eles eram, de fato, realizados com sinceridade. E seus seguidores, aos poucos, foram adaptando-os em suas celebrações religiosas e na prática do seguimento do Senhor. Mas a iniciativa do uso litúrgico das cinzas partiu dos monges, no século IV, desde os inícios da experiência da chamada vida de radical seguimento de Jesus, no abandono de todas as benesses da sociedade, na busca da pureza pessoal e da mais radical intimidade com Deus.

E os monges, nesse sentido de pobreza, penitência e recordação da fragilidade humana, aplicando na vida o sentido bíblico das cinzas, introduziram-nas em diversos costumes e cerimônias em seus mosteiros. Assim, por exemplo, misturavam-nas na comida, para diminuir o prazer do paladar na refeição. E eles espalhavam a cinza na cerimônia da consagração do templo, para expressar que apesar de local sagrado, tratava-se de obra humana, e que o mais importante não é o templo, em si, mas Deus e as pessoas. E, no velório, seus confrades mortos eram colocados no solo sobre uma camada de cinzas disposta em forma de cruz, enquanto os monges cantavam e rezavam pelo falecido. É bem provável, então, que o costume da imposição das cinzas, no começo da Quaresma, na cabeça dos fiéis, tenha sua origem nos mosteiros, nos inícios da história da Vida Consagrada.

Com a insistência da pregação dos ministros da Igreja sobre a situação de pecado da humanidade e do quanto Jesus sofreu para nos salvar, foi-se alastrando, já em tempos antigos, o costume de os fiéis fazerem caminhadas penitenciais. Eles portavam uma veste adaptada e se impunham a cinza, ao longo da caminhada, enquanto rezavam e cantavam pedindo perdão. Alguns grupos incluíam a flagelação, golpeando-se com força. Isso acontecia especialmente na Semana Santa, encerrando-se o rito com a confissão auricular.

Desse costume penitencial surgiram diversas irmandades de penitentes. E algumas se tornaram famosas na história, pelo modo como viviam a radicalidade da penitência e da pobreza, pois incluíam interpretações errôneas do cristianismo, com forte intolerância e violência contra os cristãos ricos. Destacaram-se entre essas, no século XI, na região francesa do Languedoc, irmandades como os Cátaros (*kataròi*, em grego, os puros) e Albigenses (da cidade de Albi, na França), que cresceram e se tornaram uma heresia, condenada pela Igreja, em diversos Concílios. A Igreja, depois, recorreu a uma Primeira Cruzada (a partir de 1209) para combater essas heresias por meio das armas, eliminando quase todos os seus adeptos, umas sessenta mil pessoas. Mas, em outros lugares, multiplicavam-se os grupos de leigos entusiastas, que viviam na pobreza e pregavam a Bíblia, condenando os cristãos ricos. Todos esses grupos, em sua maioria formados por leigos e leigas, davam um grande valor ao rito penitencial, com o uso das cinzas.

Em épocas de calamidades, sobretudo peste, carestia e guerra, o uso das cinzas era implementado. Houve momentos em que a Igreja chegou a impor para todos, mesmo reis e nobres, humilhantes gestos com o uso das cinzas. Como penitência ou ação de reparação de certos pecados públicos, a pessoa devia vestir-se de pobre, e ficar sentada sobre as cinzas, na porta do templo, e por diversos dias, pedindo perdão aos passantes e acolhendo na fé as galhofas e ofensas.

Mas o rito da imposição das cinzas, na Quarta-feira de Cinzas, firmou-se na celebração da Quaresma, apenas a partir do século XI, quando o estudo e a produção teológica passaram a ter grande importância na Igreja. Apareciam, naqueles séculos, tratados de teologia, que deram origem à onda das Sumas Teológicas, destacando-se, dentre elas, a monumental obra de Santo Tomás de Aquino, no século XIII. A pregação sobre os sacramentos e os sacramentais, com textos teológicos para fundamentá-la, levou à valorização dos sinais e símbolos na fé cristã, dando margem ao sinal penitencial das cinzas, como um reconhecimento da condição pecadora dos fiéis e de toda a comunidade cristã.

A reforma litúrgica, no pós-concílio Vaticano II, procurou dar um sentido mais bíblico e pastoral à imposição das cinzas, que já se encontrava bastante desconectada do todo da celebração litúrgica. Introduziram-se leituras bíblicas adequadas e homilia; insistiu-se para que esse sacramental fosse realizado durante a Santa Missa, ligando-o ao mistério pascal do Senhor. Em muitos lugares, as cinzas são feitas a partir dos ramos, abençoados no Domingo de Ramos do ano anterior, sinalizando a continuidade da história da salvação, de ano a ano. A Igreja, além do sentido da finitude humana, dá importância à atitude de conversão, que o rito quer sinalizar.

As leituras bíblicas da celebração da Quarta-feira de Cinzas exortam os fiéis à conversão, à confiança na misericórdia de Deus, à penitência, ao pedido de perdão. Na primeira leitura está Jo 2,12-18. Reza-se ou canta-se o clássico Salmo Penitencial (50/51): "Tende piedade, ó meu Deus, misericórdia!" Na segunda leitura encontramos a exortação de São Paulo (2Cor 2,20–6,2): "Em nome de Cristo, nós vos suplicamos, deixai-vos reconciliar com Deus..." O versículo da Aclamação ao Evangelho é do Salmo 94: "Oxalá ouvísseis hoje sua voz: não fecheis os corações como em Meriba". E no Santo Evangelho, narrado por Mateus (6,1-6.16-18), Jesus orienta os Apóstolos sobre como deve ser a prática correta da justiça, da esmola, da oração e do jejum.

A oração da bênção das cinzas traz em seu conteúdo o cunho de humildade, penitência, reconciliação, mas ela está conectada com a Páscoa: "Para que os fiéis, prosseguindo na observância da Quaresma, possam celebrar de coração purificado o mistério pascal de vosso Filho". Ao colocar na cabeça de cada fiel as cinzas abençoadas o presidente da celebração diz: "Lembra-te que és pó e que em pó te transformarás!" ou, de preferência, esta frase: "Convertei-vos e crede no Evangelho!"

b) O deserto, associado ao número 40

O deserto tem um importante significado no Oriente e, portanto, na cultura do povo judeu e na história bíblica. Israel viveu muito tempo percorrendo desertos, na longa caminhada, do Egito para a Palestina. Isso marcou profundamente o povo e sua religião. Esse imenso espaço geográfico árido, inabitado, com extrema escassez de vegetação, excesso de sol e, sobretudo, falta de água, fez o povo bíblico sobreviver em jejum, calor, solidão interior e exterior, medo, obrigando-o a recorrer muito a Deus, único a quem apelar naquelas circunstâncias tão adversas.

Examinemos um pouco a Sagrada Escritura. Nela encontramos algumas passagens, que falam do sentido religioso do deserto, aproveitado pela Igreja para o período da Quaresma. Lembremo-nos aqui do caráter simbólico do deserto e do número quarenta, na duração do tempo que levou Israel, da saída do Egito até à Terra Prometida. Há, também, os quarenta dias que Moisés passou sem comer nem beber, no alto da Montanha do Sinai, quando foi receber a Lei de Deus (cf. Êx 24,12-18; 34). Isso pode ser lido como uma oposição simbólica aos quarenta anos de reclamação e de infidelidade do povo, ao longo daquela penosa caminhada. Encontramos, ainda, os quarenta dias vividos pelo profeta Elias no deserto (cf. 1Rs 19,3-8). Ele enfrenta a dureza do lugar ermo, reconfortado, porém, por comida e bebida misteriosas. Era uma parábola a respeito da infidelidade do povo, que precisava de penitência e de conversão para enfrentar as situações, os desafios para manter-se fiel a Deus e fazer sua santa vontade.

E em todo esse processo acontece sempre uma forte purificação de vida e intenções da pessoa, uma profunda e radical experiência de Deus e de iluminação sobre o sentido da vida e da história. O profeta Oséias propõe o deserto (Os 2,16-17) como um lugar propício para se viver em sintonia com Deus e melhor acolher suas mensagens.

Essa mesma linguagem simbólica é usada pelos evangelistas quando falam da preparação de Jesus para a missão (cf. o Evangelho lido no Primeiro Domingo da Quaresma). Ele passa quarenta dias e quarenta noites num deserto montanhoso, e nesse período passou pela experiência das três tentações ligadas a forças poderosas no ser humano: a satisfação do prazer pessoal, a glória do poder social resultante da idolatria e o orgulho de ser prestigiado religiosamente. Jesus vive, também, uma radical experiência de intimidade com o Pai, que o investe da missão a que veio a este mundo, como o revela o relato de seu batismo no Jordão.

Mas, já que estamos falando do número 40, aproveitemos para alguns dados a mais a respeito de seu significado, na tradição judaica e cristã, a partir, obviamente, do referencial mais antigo, os quarenta anos do povo no deserto, vistos primeiramente como um longo tempo, associado ao castigo de Deus, um tema, aliás, recorrente na Bíblia (cf. Nm 14,34; Gn 7,4.12.17; Ez 4,6; 29,11-13). O Deuteronômio, que dá uma outra versão ao livro do Êxodo, associa o deserto e o número 40 à idéia de "prova" e não de "castigo" (cf. Dt 2,77; 8,2-4). E o Sl 94,10 traz, na interpretação, o significado do tempo necessário para o crescimento na fé.

No Novo Testamento encontramos, além das mesmas convicções anteriores, como, em parte, aparecem no relato da tentação de Jesus no deserto outras referências. Em At 7,23 e 7,30, há uma alusão à manutenção desse número como simbólico, pelos primeiros cristãos. A carta aos Hebreus faz referência, ainda, aos quarenta anos do reinado de Saul (cf. Hb 13,21), e aos quarenta dias da Páscoa de Jesus até a sua Ascensão (cf. Hb 1,3). Mas, é importante situar essa duração de 40 dias ou anos, nessa carta ao sentido de tempo, não importa sua duração, como o "hoje de Deus". É o que está na alusão feita ao Sl 94, chamando a atenção sobre a necessidade de um tempo oportuno e propício para escutar a voz de Deus e não endurecer o coração. E assim, aos poucos, foram unidos, na mesma reflexão, "lugar e espaço adequado" com um "tempo suficiente, oportuno, propício" "para a escuta obediente de Deus", e conseqüente cumprimento dessa obediência a ele.

Num mundo tão carregado de barulho, exteriorização e superficialidade, como o atual, evidentemente, é difícil resgatar o valor do silêncio, da interioridade e de uma sadia solidão íntima, evocados pela imagem e simbolismo do deserto. Temos pavor do silêncio, pois ele nos leva ao encontro com nós mesmos, com nossos fantasmas, com nossos medos. Ele abre espaço para pensarmos a respeito de nossa vida e do que acontece no mundo. E ele nos coloca diante de Deus e da morte. Mas, se, de fato, descobrirmos a oportunidade que ele representa para nós de enriquecimento psíquico e espiritual, certamente procuraríamos com mais freqüência momentos de deserto, silêncio, solidão, repouso e paz.

c) A cor da Quaresma

Influências várias, inclusive astrológicas, mágicas, esotéricas, religiosas e históricas, construíram, em todos os povos, diferentes interpretações para as diversas cores. No Ocidente predominaram, na liturgia cristã, principalmente, as seguintes cores, com seus significados mais comuns: o *branco* como pureza, paz e alegria; o *vermelho* como realeza e martírio; o *verde* como sinal de esperança na vitória definitiva (escatológica) de Deus no final dos tempos, e, também, de prosperidade; o *róseo* ligado à antecipação da alegria, prometida; o *lilás ou roxo* como indicativo de sofrimento, e o *preto*, indicando morte, luto.

Na Quaresma a cor principal é o lilás ou roxo. Juntamente com o significado, acima exposto, estão alguns dados, sobretudo, pastorais. Essa cor sinaliza, por exemplo, o período dedicado, na liturgia, ao sofrimento progressivo de Jesus, até a sua morte e sepultamento. Mas essa cor quer expressar, também, a recordação aos fiéis da necessidade de mudança de vida, pela conversão e pela penitência, para uma identificação mais profunda com Jesus Cristo.

Outrora, nos templos, as imagens de Jesus e dos Santos, inclusive o próprio crucifixo, eram, na Quaresma, totalmente cobertas de pano roxo, especialmente na Semana Santa. E esse pano era retirado na Vigília Pascal, quando do anúncio da Ressurreição e do canto do *Glória*, ao som alegre de sinos e sinetas, canto, música, palmas. Essa linguagem da retirada dos panos que escondiam as imagens falava profundamente ao coração dos fiéis, como o recordam pessoas que viveram essa experiência. Hoje, há algumas Igrejas que estão retomando esse símbolo quaresmal da cor roxa e com os rituais que o acompanham.

d) Oração, jejum e esmola

Como acima já comentamos um pouco, esses três exercícios quaresmais, que possuem um sentido de sinal e símbolos dessa etapa do período pascal, na verdade, são práticas cristãs de grande importância. Elas têm fundamentação bíblica.

Os profetas incluem a necessidade da conversão por meio da oração, do jejum, das lágrimas e do atendimento ao pobre. O profeta Joel coloca na boca do Senhor o apelo veemente à conversão. E como mediação, que auxilia a dar esse passo fundamental na vida, Javé diz: "Voltem para mim, com jejum, lágrimas e lamentos. Rasguem o coração e não as vestes, e voltem ao Senhor, o Deus de vocês" (Jl 2,12-18). E Isaías dá o sentido verdadeiro que Deus quer para a tradição do jejum: "Este é o jejum que eu aprecio, oráculo do Senhor, desamarrar as correntes injustas, desatar os laços do jugo, deixar ir, em liberdade, os oprimidos, e acabar com todos os jugos; partir o pão com o faminto, abrigar os pobres sem teto e cobrir os que estão sem roupa" (Is 58,6-9).

É nesse sentido, como já comentamos, que a Igreja no Brasil interpreta e vivencia o jejum no período da Quaresma, colocando em prioridade a dimensão da solidariedade, da fraternidade e da justiça, indo ao encontro de quem é obrigado, pela fome, a viver em estado de jejum físico. E, evidentemente, o jejum de alimentação e de vaidades que fizermos na mística da Quaresma precisa estar ligado à esmola, como gesto da caridade operativa e libertadora. Fora disso, estaríamos apenas na mentalidade natural do jejum e do sofrimento, mas em vista da saúde ou da estética, como ocorre muito atualmente. Isso já é em si um valor, por causa da saúde e da auto-estima. Mas, em nível de fé cristã, sabemos que os sofrimentos humanos, quando assumidos em comunhão com Deus, possuem um caráter de transcendência, de comunhão, juntamente com o sofrimento redentor de Jesus.

4

Paixão, Morte, Sepultamento e Ressurreição de Jesus

A Quaresma encerra-se no Domingo de Ramos, quando começa a Semana Santa. A Igreja, em clima de alegria, como que antecipando a vitória da Páscoa, faz memória da entrada triunfal de Jesus em Jerusalém. E ao modo do povo que festivamente o cercava, ela o aclama, erguendo ramos de oliveira e de palmeira, abençoados na celebração. Muitas pessoas levam para casa esses ramos bentos, confiados na proteção de Deus contra perigos, tais como tempestades, raios, incêndios e outras desgraças. O simbolismo dos ramos entrou na cultura do povo com diversos sentidos, que deveriam todos ser canalizados para o principal deles, acolher no coração e ali entronizar e deixar reinar Jesus Cristo, o Filho de Deus, o rei da Glória.

a) Quinta-feira Santa

A Igreja dá um realce muito grande ao Tríduo Santo, com grande riqueza de ensinamentos, orações e símbolos.

Assim, na *Quinta-feira Santa*, a Ceia Pascal Judaica que Jesus celebra com seus Apóstolos, sua Oração no Horto das Oliveiras, sua prisão e o começo de seu julgamento por crime religioso. Aquela Ceia Pascal adquire, então, uma outra conotação, que os católicos e alguns outros grupos cristãos colocam como central para a fé: a instituição da Eucaristia, que para os cristãos passou a substituir e ultrapassou o sentido da Páscoa Judaica. Mais tarde, a Igreja deduziu que também ali, na Última Ceia, havia nascido o que ela denominou de Sacramento da Ordem. Mas João Evangelista (cf. Jo 13,34-35; 15,12-17) revela-nos que, naquele histórico momento, Jesus deu o Mandamento Novo, isto é, o Amor, como sinal característico de seus seguidores, que mais tarde foram denominados "cristãos" (cf. At 11,26) e que, ainda, na Última Ceia aconteceu a grande lição de humildade e serviço, dada por Jesus no Lava-pés (Jo 13,1-17).

A Quinta-feira Santa, portanto, segundo a interpretação da Igreja Católica e de algumas outras Igrejas cristãs, contém o "aniversário" do Sacramento da Eucaristia e do Sacramento da Ordem. É um momento especial, no qual o Bispo, com todo o seu presbitério, preside a celebração da Santa Missa. Nela inclui-se a renovação dos compromissos sacerdotais. Depois do Concílio introduziu-se o costume de o Papa enviar, cada ano, para esse dia, uma carta específica para os Presbíteros. E, nessa Missa, é feita também a bênção dos santos óleos, que servirão para a celebração de alguns sacramentos: Batismo, Crisma, Ordenação Sacerdotal e Unção dos Enfermos.

Nas Igrejas, após o final da Missa da Quinta-feira Santa, já iniciando o grande dia da Paixão de Jesus, a Sexta-feira Santa, o Santíssimo Sacramento é trasladado para um outro altar ou capela lateral. A pequena procissão é realizada acompanhada por cânticos e orações.

Essa retirada do Santíssimo Sacramento do altar principal é para sinalizar a comunhão profunda da Igreja com o sofrimento, a morte e o sepultamento do Senhor Jesus. E, para isso, o altar principal é desnudado. Organiza-se, em seguida, uma Vigília Eucarística. Apesar de a Quinta-feira Santa ser o aniversário da Eucaristia, evitam-se festejos, devido ao clima de dor e luto da Semana Santa. A festa, mais tarde, foi transferida para a solenidade de *Corpus Christi*.

Desse dia, a Quinta-feira Santa, os fiéis assimilaram em sua cultura sinais e símbolos importantes. Entre eles, por exemplo, o pão e o vinho, a âmbula e o cálice, o ostensório com a hóstia grande, a bandeja com pão, ramos de trigo e cachos de uva. E, especialmente, a cena da Ceia de Jesus, que alguns artistas plasmaram com muita criatividade, a jarra com a bacia e a toalha do lava-pés, o sacrário, a Oração de Jesus no Horto das Oliveiras antes de ser preso.

b) Sexta-feira Santa

A *Sexta-feira Santa* é dedicada à meditação dos maiores sofrimentos que Jesus enfrentou. É, para a Igreja, um dia especialíssimo, portanto, de grande silêncio, oração, penitência, sobretudo jejum e abstinência de carne.

O altar principal, em todas as Igrejas e Capelas, está totalmente vazio, e todos os sinais de alegria são retirados ou encobertos. A cerimônia religiosa é centrada na Palavra de Deus e o relato da Paixão de Jesus é lido de modo solene, incluindo no momento do relato da morte de Jesus um instante de adoração que os fiéis vivenciam ajoelhados. Ao longo da nave central da igreja, em procissão vai-se retirando aos poucos o pano roxo que encobre um crucifixo. Cada vez, em tom diferente, é cantada por três vezes, a expressão: "Eis o lenho da Cruz, do qual pendeu a salvação do mundo". Os fiéis respondem: "Vinde, adoremos!" Nessa celebração da Sexta-feira Santa acontece a "Adoração da Cruz" e a homenagem ao Senhor Morto, uma imagem que é colocada para a veneração e a oração dos fiéis. Nesse dia de luto não há Ofertório e nem Consagração, mas faz-se a comunhão eucarística.

O povo faz, ainda, a Via-Sacra, na Sexta-feira Santa, meditando os passos principais de Jesus pelo caminho do Calvário, desde a condenação por Pilatos até à descida da Cruz, sendo que, nesses últimos anos do pós-concílio Vaticano II, acrescentou-se uma nova estação ou parada, a da Ressurreição. É também nesse dia que os fiéis realizam a procissão do Encontro de Verônica e de Nossa Senhora com Jesus, no caminho do Calvário. E é, ainda, o dia especial para o Sacramento da Reconciliação. Em muitos lugares a devoção popular criou a encenação da Paixão de Jesus Cristo e algumas delas alcançaram renome mundial, como é o caso da que acontece, todos os anos, em longa temporada, em Nova Jerusalém, no município de Fazenda Nova, no agreste de Pernambuco, com 15 atores profissionais e mais de 500 personagens.

A Sexta-feira Santa é revestida de um intenso clima de luto, tristeza, velório. E, durante muitos séculos, os fiéis procuravam, nesse dia, não fazer barulho e, especialmente, evitavam bater em algo, evitando a sensação daquele ruído terrível do martelo cravando Jesus na Cruz. Nada de canto, de música, de sinais de alegria, de recreação. Trabalhava-se o mínimo possível, só naquilo que era de extrema necessidade. O tempo era para oração, leitura, meditação, avaliação da vida, partilha do sofrimento de Jesus.

Desse dia da paixão e morte do Senhor, o imaginário popular conserva vivamente sinais, símbolos, cenas marcantes. Destacamos a cruz, o crucifixo, a virgem dolorosa, a coroa de espinhos, os cravos, a chibata da flagelação, as sete palavras de Jesus na cruz, o bom ladrão, a inscrição INRI (Jesus Nazareno Rei dos Judeus), a Via-Sacra, o túmulo fechado e vigiado por guardas, cantos típicos da Sexta-feira Santa (A morrer crucificado, Vitória...).

c) Sábado Santo

No *Sábado Santo* prolonga-se até o final do dia o clima de luto e velório. É dia do silêncio e a comunidade cristã vela junto ao sepulcro de Jesus. Calam os sinos e os instrumentos. É o dia para aprofundamento espiritual com leituras e meditação e contemplação, ligadas ao conteúdo do Sábado Santo. O altar está despojado. O sacrário aberto e vazio. A Cruz continua entronizada desde o dia anterior. Jesus morreu. Ele quis vencer com sua própria dor o mal da humanidade, o pecado. Ele, o Verbo (a Palavra), a Comunicação do Pai, está calado. Seu último grito na cruz ecoou pelo mundo, após orar com grande clamor o Sl 22: "Meu Deus, meu Deus, por que me abandonaste?" (22,1), e ter dito ao Pai: "Tudo está consumado" (*consummatum est*). Pela fé sabemos, porém, que esse silêncio de Jesus é, na verdade, a plenitude da Palavra, pois com o gesto da doação de sua própria vida, Jesus nos falou e nos deu seu amor total.

d) A Vigília Pascal

Mas no Sábado Santo à noite tudo muda. A Vigília Pascal, que era à meia-noite e, desde o Concílio Vaticano II, a partir das 20h, celebra a ressurreição do Senhor. É uma das celebrações mais ricas da liturgia cristã, cheia de conteúdos bíblicos e com muitos sinais e símbolos. Essa noite especial e solene para os cristãos é denominada *Vigília Pascal*, e é o mais solene momento do ano.

A Vigília Pascal desenvolve-se na seguinte ordem:

Breve Lucernário. Essa Vigília santa começa do lado de fora do templo, com o Ritual do Fogo. Ele é tirado da batida de pedras até saírem faíscas e com as quais se acende uma pequena fogueira. Esse Fogo Novo, como é chamado, é uma lembrança de rituais muito antigos, relacionados com as festas pagãs européias que comemoravam a volta da primavera e da luz e o fim da escuridão do inverno, mas que adquiriu um outro sentido por causa da Ressurreição de Jesus. O fogo, nessa noite santa, simboliza, então, Jesus que saiu, luminoso e vitorioso, do túmulo escavado na rocha. Ele deixou as trevas da morte e veio para a luz da vida nova, para a vitória sobre a morte e o pecado.

Pregão da Luz. Um segundo símbolo importante é o

Círio Pascal, aceso, ainda na porta do templo, pelo presidente da celebração. Ele representa o Cristo ressuscitado. Grande e todo enfeitado, esse Círio recebe diversos sinais e símbolos: a) a incisão de uma cruz; b) a inscrição com as letras gregas *Alfa e Ômega*, a primeira e a última do alfabeto, com a proclamação de fé: "Jesus Cristo *ontem, hoje* e *para sempre*" (cf. Hb 13,8); c) os algarismos, colocados entre os braços da cruz, marcam as cifras do ano em curso. É para expressar que Jesus Cristo, verdadeiro Deus e verdadeiro homem, é o princípio e o fim de tudo, o Senhor do tempo; e) são fincados no Círio cinco cravos de incenso, simbolizando as chagas gloriosas do Senhor, agora compreensíveis dentro do quadro de sua vitória sobre a morte e o pecado, mediante o cruel sacrifício da cruz.

Em seguida algumas velas são acesas no Círio Pascal, pois nossa luz vem de Cristo. O povo entra no templo e o presidente da celebração por três vezes, ao longo da caminhada pela nave central, canta elevando sucessivamente o tom: "A luz de Cristo". O povo aclama: "Graças a Deus!" Em cada parada mais fiéis vão acendendo suas velas. Quando os ministros chegam ao altar, o Círio é colocado em local apropriado e em destaque. Renovamos nossa fé, pessoal e comunitariamente, proclamando Jesus Cristo, Luz do mundo que ressurgiu das trevas para iluminar nosso caminho. Todos permanecem com as velas acesas e o ministro canta o histórico Hino Pascal "Exulte!" (*Exultet*), que é um belo poema, a partir da vela, sobre o trabalho das abelhas e o material para a confecção da vela, o significado da luz ao longo da história de Israel e, de modo especial, sobre Jesus, a Luz do mundo.

Liturgia da Palavra. Segue a Liturgia da Palavra, a mais rica do ano. São nove leituras, propostas na Liturgia para a Vigília Pascal, sete do Antigo Testamento e duas do Novo. As do AT podem ser reduzidas a três, permanecendo, porém, as duas do Novo Testamento. Entre as do AT, a terceira leitura não pode ser omitida, por tratar da saída do povo de Israel do Egito, figura da libertação definitiva, operada por Deus por meio de seu Filho Jesus. Cada leitura é seguida de um responsório e de uma oração presidencial, ligada à própria leitura. Eis as leituras todas: 1ª leitura: Gn 1,1-2,2 (ou 1,1.26-31a); 2ª leitura: Gn 22,1-18 (ou 22,1-2.9a.10-13.15-18); 3ª leitura: Êx 14,15-15,1; 4ª leitura: Is 54,5-14; 5ª leitura: Is 55,1-11; 6ª leitura: Br 3,9-15.32-4,4; 7ª leitura: Ez 36,16-17a.18-28; 8ª leitura: Rm 6,3-11; Evangelhos (9° texto): a) Ano A: Mt 28,1-10; b) Ano B: Mc 16,1-12; c) Ano C: Lc 24,1-12.

Após as leituras do Antigo Testamento vem o solene momento do canto do Glória, com acompanhamento de instrumentos musicais e de sinos, que ficaram calados durante todo o tríduo sagrado. As velas do altar são acesas a partir do Círio Pascal. A Igreja, portanto, entra inteira na alegria pascal. Logo em seguida é feita a primeira leitura, do Novo Testamento (Rm 6,3-11), que é sobre o Batismo, o sacramento que nos dá vida nova, no Senhor ressuscitado. Todos nós, pelo batismo, somos sepultados com Jesus, em sua morte e, com Cristo, todos nós também ressuscitaremos (cf. Rm 6, 3-11). É, pois, essa a novidade total, na graça da comunhão com a Santíssima Trindade, na qual fomos batizados, a razão última da redenção de Cristo.

Como de costume, reza-se ou canta-se o Salmo Responsorial. Mas, nessa Vigília Pascal, tem vez o Salmo Aleluiático da Ressurreição — Sl 118(117). E o Aleluia é solenemente cantado três vezes, em tons diferentes, para expressar crescente júbilo pela vitória do Senhor. Depois proclama-se um trecho do evangelho sobre a Ressurreição de Jesus, levando-se em consideração o ciclo anual de A, B e C. E é feita a homilia, breve e bem substancial, relembrando o essencial do mistério pascal e de nossa participação nele.

Liturgia batismal. Uma das partes nucleares da Vigília Pascal, na coerência com o significado da celebração e das leituras bíblicas é a Liturgia Batismal. Antigamente eram batizados os catecúmenos (os que se iniciavam na fé cristã) e que, durante três anos, estavam num processo intenso de preparação para a opção pessoal por Jesus Cristo, com um rigor maior na Quaresma e na Semana Santa. Hoje, é importante que aconteçam batizados nessa Liturgia Batismal e que todos os participantes da Vigília Pascal, com a vela acesa nas mãos e com voz forte, renovem seus Compromissos do Batismo.

Para esse momento acontece, primeiro, a bênção da água para o santo Batismo. Essa água será usada nos batizados ao longo do ano e na aspersão do povo. Nela é depositado por três vezes o Círio Pascal, simbolizando o poder regenerador que Jesus Ressuscitado dá a essa água e, também, nossa participação em seu mistério pascal, no qual morremos ao pecado e ressuscitamos para a vida da graça. Canta-se, também, como sinal de comunhão histórica com toda a Igreja, a Ladainha de Todos os Santos, recordando os que viveram com fidelidade a graça batismal. Depois do Batismo e da renovação dos Compromissos batismais, há a Aspersão da Assembléia.

Liturgia Eucarística. Na última parte da Vigília Pascal está situada a Liturgia Eucarística, instituída por Jesus na Quinta-feira Santa. A Igreja suprimiu a missa das celebrações da Sexta-feira Santa, por causa do luto pela morte do Senhor. E ela volta com toda a sua riqueza no sábado de Aleluia, pois a Eucaristia é o momento culminante da Vigília Santa. Vivemos na fé, a presença real de Cristo, no pão e no vinho consagrados, por ele, com ele e nele, na força do Espírito Santo, glorificamos o Pai e, sobretudo, o recebemos na santa comunhão eucarística. Com a fé na Ressurreição, a Eucaristia é a graça maior da festa da Páscoa. Ela nos deve encher de júbilo especial e de gratidão, pois recebemos em nós o próprio Ressuscitado.

Nossa missão. Reforçamos, então, nossa fé de que o Cristo Glorioso permanecerá conosco até o final dos tempos. E também de que, com ele, celebraremos o Banquete Eterno no Reino do Céu (cf. Lc 22,16). Revigoramo-nos para a missão, pois a Eucaristia nos alimenta para sermos no mundo testemunhas da Ressurreição Gloriosa de Jesus Cristo, e, ainda, de que ressuscitados, com ele somos construtores de um mundo de fé, amor e esperança, alicerçado na justiça, na solidariedade, na fraternidade e na paz.

O final do Sábado Santo, com seus três aspectos do mesmo e único mistério pascal, morte, sepultamento e ressurreição de Jesus, está no ápice do Tríduo Pascal. Primeiro está a morte na Sexta-feira; depois Jesus no túmulo, no sábado; e, em seguida, a ressurreição, no Domingo, iniciada, porém, na noite de sábado, na Vigília Pascal. É nesse Tríduo Santo que se cumpre, para nós, na fé, mais cabalmente, o que São Paulo escreve na Carta aos Filipenses, ensinando-nos que o Filho de Deus despojou-se de sua posição de Deus, esvaziando-se completamente (*kénosis*), e tomando a condição de escravo... (cf. Fl 2,5-11). Ele se rebaixou até se submeter inclusive à morte, quer dizer, conhecer o estado de morte, durante o tempo compreendido entre seu falecimento no alto da cruz e sua ressurreição gloriosa.

Nesse mistério do sepulcro está contido, também, o mistério da descida à mansão dos mortos, como nos dizem as Escrituras Sagradas, e rezamos no Credo. No Sábado Santo recordamos o sentido definitivo e pleno do grande repouso sabático de Deus, conforme Gn 2, e que aplicamos, de modo adaptado, a nossos mortos, orando: "Descansem em paz, amém!" (*Resquiescant in pacem*).

Alguns sinais, símbolos e cenas do Sábado Santo ficaram na cultura do povo: a cruz vazia, a cruz com o pano branco, a imagem do Senhor morto, o Aleluia, o túmulo aberto e vazio, representações de Jesus ressuscitado e vitorioso, o Círio Pascal, a Pia batismal e outros.

Mas a Vigília Pascal deve, principalmente, fazer-nos mais firmes na profissão de fé na Ressurreição do Senhor, em nossa própria ressurreição, na vitória definitiva de Deus sobre o mal e a morte e, comprometer-nos, mais profunda, criativa e generosamente, na missão que consiste em dar continuidade àquela de Jesus, de possibilitar a salvação a todos e todas.

5

A Páscoa de Jesus e a Páscoa Judaica

O Tríduo Santo, durante o qual Jesus enfrentou a prisão, o julgamento, a tortura, a morte, o sepultamento e voltou ressuscitado em vida nova, aconteceu no mesmo período da celebração do *Pessach* judaico. Naqueles dias os judeus faziam o memorial daquele fato épico, acontecido havia mais de 1250 anos antes de Jesus Cristo, quando da saída dos israelitas do Egito, ao se libertarem de horrenda escravidão.

Há, porém, duas celebrações pascais dos judeus. A primeira, entre os dias 15 e 21 de Nisã (na *Diáspora* é no dia 22), celebra o sacrifício realizado pelos israelitas no começo da libertação do Egito. A segunda páscoa *(Pessach sheni)*, instituída um mês depois da saída do Egito, tinha como objetivo de dar nova oportunidade àqueles que não haviam tido a possibilidade de participar da páscoa, na data correspondente. Mas, esta foi bem simplificada.

A Páscoa de Jesus aconteceu durante comemoração da primeira celebração pascal judaica, durante as festas que celebravam o primeiro *Pessach*. Isso porque Jesus era um judeu, assim como todos os seus Apóstolos, discípulos e demais seguidores, homens e mulheres. Ele havia nascido de mãe judia, em Nazaré, hoje uma cidade da Palestina. Sua última ceia com seus Apóstolos coincidiu com a festa da Páscoa dos judeus. A tradição manteve, por séculos e séculos, que sua morte aconteceu na sexta-feira, exatamente na hora em que, na liturgia judaica, imolava-se o cordeiro pascal, símbolo da saída do Egito. Três dias depois, no primeiro dia da semana judaica que depois foi denominado domingo (dia do Senhor), Jesus ressurgiria, do mundo dos mortos, para nunca mais morrer.

Levadas pelo amor e pelo cuidado, algumas mulheres foram ao túmulo untar o corpo do mestre com óleos, de acordo com o costume judeu. Mas viram que a pedra da entrada do sepulcro estava removida. Elas tiveram muito medo, mas mesmo assim se aproximaram. E viram que lá estava um anjo, que lhes disse: "Procurais Jesus de Nazaré, o crucificado? Ele não está mais aqui! Ressuscitou" (Mc 16,6-7).

É oportuno resgatar, nesta reflexão, alguns traços da ligação que o cristianismo faz entre a Páscoa de Jesus e a Páscoa dos judeus. Primeiro porque a tradição cristã manteve por séculos a convicção de que a Páscoa de Jesus aconteceu durante os festejos pascais judaicos, como narram os Evangelistas.

Contrariamente ao que dão a entender os denominados Evangélicos sinópticos (Mt, Mc, Lc), para o Evangelista São João a morte de Jesus coincidiu exatamente com a imolação do cordeiro pascal, segundo a liturgia judaica, para comemorar o que foi solicitado por Moisés em Êx 12,12-18; Êx 13,3-6, como a grande recordação e memorial da saída do Egito.

Os judeus, porém, foram dando diferentes sentidos para a *Pessach*, além do mais importante, que acabamos de evocar. Há, também, um sentido patriótico nessa festa, pois ela visa estreitar a unidade do povo, unidade consolidada através de grandes sofrimentos e expectativas, ao longo da travessia do deserto, e nos começos da conquista da Terra de Canaã.

Um outro sentido refere-se à família, pois, segundo a ordem de Moisés, a refeição, na última noite no Egito, devia ser em cada casa. Sabemos que o povo judeu ficou profundamente marcado por essa última ceia, com a qual foi iniciada a fuga em massa rumo à Terra Prometida. Dali em diante, o povo judeu passou a realizar a ceia do memorial da páscoa, a cada ano, em cada lar, firmando a convicção de que a libertação é um acontecimento perene. Um de seus objetivos, portanto, é o de solidificar laços de família, tendo como ponto alto a ceia pascal, na qual o pai transmite aos filhos a fé, as tradições e as convicções. Cumpre-se, então, o *Seder* (as prescrições do ritual familiar da primeira noite de *Pessach*), durante o qual há o ensinamento do significado do Êxodo aos filhos (cf. Êx 13,8) e come-se o *matzá* (pão ázimo) e o *maror* (ervas amargas), relata-se a *Hagadá* (a história do Êxodo) e são tomados quatro copos de vinho.

Jesus viveu essa inesquecível experiência todos os anos e, certamente, ela foi marcante para ele, em sua infância. E ele celebrou sua ceia pascal com os Apóstolos, dentro do rito de costume e com os diversos sentidos que a cercam. Mas sua páscoa judaica coincide, também, com a festa da primavera, na qual acontecem a floração das plantas e o rejuvenescimento da natureza. Os judeus liam esse eclodir da natureza como impulso para valorizar ainda mais a vida e a alegria de viver.

Ora, o cristianismo, desde seus começos, leu que, na última ceia pascal de Jesus, havia acontecido uma reviravolta total no sentido da páscoa. E, então, a Páscoa cristã assumiu aos poucos a conotação de ser o memorial do mistério pascal de Jesus, em seu sofrimento, morte, sepultamento e ressurreição. E passou a ser a Primeira Ceia Pascal do Novo Testamento. E ela substituiu a páscoa judaica, mantendo porém a coincidência, o mais possível, com a data da celebração da festa pascal dos judeus.

As leituras bíblicas, selecionadas pela Igreja para a Vigília Pascal, ajudam a expressar o elo entre as duas festas, a páscoa dos judeus e a Páscoa dos cristãos. E o memorial da Páscoa cristã tem, porém, o significado de libertação plena, realizada pela salvação trazida pelo Filho de Deus, imolado como o verdadeiro Cordeiro de Deus. Ele veio tirar todo o pecado do mundo e nos assegurar a Terra Prometida que é a Vida Eterna Feliz, na Trindade Santíssima.

E, nessa releitura, se *Pessach* significa para os judeus "passagem da escravidão do Egito para a liberdade em Canaã", para os cristãos, por causa de Jesus, significa "passagem da escravidão do pecado para a liberdade na graça de Deus". Mas significa, também, a união da família cristã, que celebra na grande Vigília Pascal e na ceia familiar os valores da família, unida na mesma fé, e a confirmação a cada ano das tradições recebidas. A Páscoa cristã significa, ainda, vida nova que floresce e frutifica em obras de amor, solidariedade e paz, expressando assim o Reino do Senhor, numa vida nova, vivida com e para o Cristo Ressuscitado e com ele cooperando.

O Domingo da Páscoa tem como eixo central, como não poderia deixar de ser, a ressurreição do Senhor, no ato de fé, como informa o livro dos Atos dos Apóstolos, com a frase: "Deus o ressuscitou!" (cf. At 10,40; Lc 24,34), e que passou a ser a fórmula clássica da fé e da pregação cristã ao longo da história. E, por vários dias após a Ressurreição, os discípulos vão se firmar na fé, de que de fato Deus fez justiça a seu Filho, ressuscitando-o dos mortos (cf. Jo,16,10). Eles informam que Jesus lhes faz ver que as Escrituras falam dele com clareza. Isso está registrado na narrativa da história dos Discípulos de Emaús (cf. Lc 24,25-27). E, enquanto Jesus recordava-lhes as Escrituras, confessam aqueles discípulos, o coração deles ardia (cf. Lc 24,32). Mas somente o descobrem como sendo Jesus, quando ele se manifesta no partir do pão (cf. Lc 24,30-31). Aqueles discípulos, antes desanimados, retornam alegres, apressados e felizes, à comunidade em Jerusalém para anunciar a todos que Jesus estava vivo.

Na liturgia da Páscoa, os textos dos Evangelhos escolhidos para as missas seguem a ordem cronológica dos fatos, como se encontram nas narrativas dos evangelistas. O trecho proclamado na Missa da manhã da Páscoa é tirado do Evangelho segundo São João (cf. Jo 20,1-9). Os Apóstolos ouviram, céticos, o que as mulheres lhes contaram. Pedro e João, porém, decidiram tirar a limpo a história e foram apressados até o sepulcro. João, mais jovem, chegou primeiro, mas aguardou Pedro e, ambos, constataram a verdade do acontecido. Na parte da tarde, o trecho é tirado do Evangelho segundo São Lucas (Lc 24,13-35) que traz a narrativa dos Discípulos de Emaús.

O Domingo da Páscoa é celebrado como o grande Dia do Senhor para os cristãos. Isso é expresso no canto do Sl 118(117),24. E, por causa desse Domingo, "o domingo dos domingos", na expressão de Santo Atanásio, todos os demais passam a ser pascais, assim como todas as celebrações litúrgicas, pois são centradas no Mistério Pascal (cf. Ap 1,17-18). A partir da Páscoa todos os domingos e todas as celebrações litúrgicas são momentos salvíficos, de redenção, de exaltação e de louvor ao Deus vivo e verdadeiro.

Para nós cristãos há, evidentemente, um novo modo de ser, viver, falar, ver e agir, pois, em Cristo Jesus, somos pessoas pascais. Somos convidados, não há imposição, a viver na dinâmica da Páscoa da Ressurreição: no amor, na fraternidade, na justiça e na paz. Nosso seguimento de Jesus adquire, por essa conversão, o dom de sermos sinais de salvação operada por Cristo, em nós. Isso se manifesta, ecoa, em gestos concretos e transformadores, que selam a credibilidade de nossa fé: profunda vida de oração, compromisso co-responsável com a comunidade eclesial, a comunidade de Jesus, intensa vida de caridade libertadora e dedicação missionária para fazer Jesus conhecido, amado, e para cooperar com ele na construção do Reino.

Como fiéis seguidores do Senhor, alegramo-nos com sua querida Mãe, Maria, que certamente viveu plenamente os acontecimentos pascais. E, por isso, os fiéis introduziram o belo costume de saudar Maria com a oração ou canto denominado "Rainha do Céu, alegrai-vos, aleluia" (*Regina Coeli laetare, aleluia!*). E, com ela, os Apóstolos e todos os irmãos e irmãs na fé nos preparamos, no período pós-pascal, para a festa da Vinda do Espírito Santo ou Pentecostes, situada cinqüenta dias depois da Páscoa.

A Páscoa e o período pós-pascal nos renovam e revigoram na fé na presença viva e permanente de Jesus entre nós (cf. Lc 24,29). É o que, com vigor e alegria, proclamamos com a exclamação: "Ele está no meio de nós!", como resposta à saudação litúrgica: "O Senhor esteja convosco!" Esse período litúrgico também reforça em nós a fé em nossa própria ressurreição, com base exatamente na Ressurreição de Jesus, primícias dos que ressuscitam para a glória de Deus (cf. Jo 11,25; 14,1-4), conforme ele mesmo o prometeu (cf. Lc 24,29).

segunda parte

Alguns Símbolos da Páscoa

"Símbolo/simbólico provém de *Simbállein* ou *symbállesthai*. Literalmente significa: lançar (bállein) junto (syn). O sentido é: lançar as coisas de tal forma, que permaneçam juntas. Num processo complexo significa reunir realidades, congregá-las a partir de diferentes pontos e fazer convergir diversas forças num único feixe."[3]

"A palavra grega 'symbolon' significava a metade de um objeto quebrado (por exemplo, um sinete), que era apresentada como sinal de reconhecimento. As partes quebradas eram juntadas para se verificar a identidade do portador."[4]

Símbolo, dizem as Enciclopédias, é a forma de exteriorizar um pensamento ou idéia mais ou menos abstrata; assim como o meio (ou signo) de expressar ao que é atribuído um significado convencional e, em cuja gênese, encontra-se semelhança, real ou imaginada, com o significado.

3. Boff, Leonardo. *O despertar da Águia*, p. 11. Editora Vozes, Petrópolis, RJ.

4. Vaticano. *Catecismo da Igreja Católica*, CATIC n. 188. Ed. Loyola, São Paulo, SP.

1

Votos de Feliz Páscoa, Presentes, Coelhinho e Ovos

1. Os votos de *Feliz Páscoa*!

Essa saudação tão comum na Páscoa é, porém, uma expressão de rico conteúdo. Mas, paulatinamente, ela foi se esclerosando. Hoje as duas preciosas palavras que a conformam estão bastante vazias, pois caíram no formalismo, como são os tradicionais bom-dia, boa-tarde, boa-noite!... Há muitas pessoas que desejam entre si votos de *Feliz Páscoa*, de viva voz ou por meio de cartões, e-mails, telegramas, cartas. Às vezes nem se dão conta do que estão dizendo, expressando, desejando aos outros. Em geral, elas param na palavra *Feliz*, mas lhe dão um significado limitado, de algo mais material como abundância de bens, êxito social, econômico, saúde... Outros acrescentam desejos mais profundos de paz, harmonia, amor. Raros são os que aludem a Deus, desejando aos outros suas graças, sua bênção.

Mas o que é ser feliz? O fundamental da felicidade, nos limites deste nosso mundo e de nossa história pessoal, consiste em um estado interior ou estado de alma, que nos deixa em paz interior e tranqüilidade, face a nós mesmos e ao que acontece conosco e a nosso redor. E, uma das características da felicidade, algo inexplicável e que, mesmo quando em situação de enfermidade, luto e sem bens, esse estado psíquico e espiritual não nos aliena de nada, pelo contrário, dá-nos um vigor especial para enfrentar os problemas com equilíbrio e serenidade.

Esse estado especial que denominamos felicidade, e que desejamos ao outro quando lhe dizemos: *Seja feliz*, na essência, consiste em amar. Uma autora desconhecida, pois não assinou seu texto que circula na Internet, assim se expressa:

"Cuanto más envejecía, cuanto más sin sal me parecían las pequeñas satisfacciones que la vida me concedía, tanto más claramente comprendía... donde yo debería buscar la fuente de las alegrías de la vida. Aprendí que no ser amada no es nada... mientras amar es todo. La felicidad es amor, solo eso. Feliz es quién sabe amar. Feliz es quién puede amar mucho. Pero amar y desear no es la misma cosa. El amor es el deseo que alcanza la sabiduría. El amor no quiere poseer. El amor quiere solamente amar".

Ora, para nós cristãos, isso está inscrito, pelo próprio Criador, dentro de nosso ser, feito a sua imagem e semelhança. E ele nos revelou quem ele é, no que São João Evangelista escreveu: "Deus é Amor" (1Jo 4,8). E Jesus deu para sua comunidade, para seus seguidores, a chave do segredo da felicidade, a marca distintiva daqueles que o seguem: "Nisto todos saberão que sois meus discípulos: se vos amardes uns aos outros como eu vos amei!" (Jo 13,34-35), e que com insistência ele repetia: "Eu vos dou um novo mandamento: amai-vos uns aos outros!"

(Jo 15,12); "O que vos mando é que vos ameis uns aos outros" (Jo 15,17).

E o próprio São João, mais tarde, complementa dizendo que o amor entre nós é essencial para nossa comunhão com Deus que é Amor: "Aquele que diz que ama a Deus, mas não ama a seu irmão, é mentiroso. Como pode ele amar a Deus, a quem ainda não consegue ver, se não é capaz de amar o irmão a quem vê? Este é o mandamento que dele recebemos: aquele que ama a Deus ame também seu irmão" (Jo 4,20-21).

Portanto, felicidade para nós cristãos é, nada mais, nada menos, que o resultado do cumprimento dos mandamentos maiores da Lei de Deus: amar a Deus sobre todas as coisas e amar o próximo como Jesus nos ama.

a) Feliz Páscoa!...

Nossos votos de felicidade aos outros, no período pascal, vêm junto com a palavra páscoa: "Feliz Páscoa!". Aliás, a precede. E o que é "Páscoa", nessa expressão? Infelizmente a sociedade materialista e consumista, cada vez mais a esvazia de seu significado primeiro e a enche de superficialidades, como coelhinhos, ovos de páscoa, chocolate...

E, no entanto, nos votos de *Feliz Páscoa!* há uma riqueza a ser resgatada e vivenciada, cada ano, quando temos a graça de celebrar o mistério central da fé cristã, o Mistério Pascal, isto é, o do sofrimento, morte, ressurreição e glorificação do Senhor Jesus.

Feliz Páscoa!... significa, acima de tudo, um grito de

libertação. Estamos desejando que a pessoa, que assim saudamos, seja agraciada com uma bênção muito especial de Deus. Que ela celebre, em sua vida e na comunidade, com muita alegria, a Ressurreição de Jesus, que venceu o mal, o pecado e a morte e nos salvou, garantindo-nos a vida eterna feliz em Deus e com Deus. Que ela viva, na graça de Deus, o dom de se sentir e agir como uma pessoa ressuscitada, em vida nova, com entusiasmo, irradiando, pelo testemunho, a Jesus vitorioso. Que essa pessoa realize uma importante *passagem* em sua vida, que é a de passar de condições carregadas de egoísmos e de situações menos humanas para situações de amor, de dignidade humana, de solidariedade e fraternidade. E que ela dê um passo a mais para o desenvolvimento da humanidade, conforme o próprio significado etimológico e histórico de *Páscoa,* como já vimos neste livro, que engloba hoje vários acontecimentos num só:

a) primeiramente, a *passagem* de Deus libertando seu Povo Santo da escravidão e conduzindo-o, por meio de Moisés e Aarão, através do deserto, e de muitas dificuldades, para a liberdade na Terra Prometida (cf. o Livro do Êxodo);

b) em segundo lugar, a *passagem* ocorrida com Cristo, da morte para a Vida, ou seja, sua Ressurreição (Mc 16,1-8);

c) depois, a *passagem* operada por Deus em nós e conosco, de uma vida não conforme a nossa condição de pessoas libertas, santificadas, para condição de pessoas livres e santificadas, por meio de Jesus Cristo, quando de nosso Batismo (Rm 6);

d) e, ainda, a *passagem* final da libertação escatológica deste mundo para a Glória, quando nós mesmos formos ressuscitados.

b) Feliz Páscoa!...

Esse brado provindo de nossa fé no Cristo Ressuscitado contém, outrossim, uma profunda Mensagem: nós celebramos a Vitória de Cristo, nós nos felicitamos mutuamente pela fé no Ressuscitado, nós almejamos, uns aos outros, a realização do verdadeiro significado de Páscoa — *passagem para* o *melhor* — e, também, o melhor em nosso dia-a-dia, sobretudo, o melhor definitivo, quando assim Deus o quiser, na passagem eterna para o após-morte.

c) Feliz Páscoa!...

É, sobretudo, uma proclamação de fé e um engajamento com um programa de libertação, pois Páscoa é *Pessach,* isto é, *passagem* de Deus em nossa vida! E é justamente nessa *passagem,* nessa transformação de nossa vida numa páscoa existencial, que reside o principal da Mensagem. Porque, de fato, pouca valia tem para nós o mero conhecimento do *acontecimento-páscoa,* se ele não se transformar num *acontecimento-hoje* a influenciar decisivamente nosso ser, nosso falar, nosso estar com os outros, e nosso agir.

A coerência de vida com o conteúdo da jubilosa expressão *Feliz Páscoa!* requer mudança de vida, como por exemplo, que nosso relacionamento familiar e social, que nosso trabalho e que nossa preocupação pelo mundo recebam o influxo do dinamismo da Ressurreição, ocasionando em nós a "metanóia", isto é, a *conversão-em-profundidade-permanente.* É somente assim que a expressão *Feliz Páscoa!* torna-se realidade e tem sentido como voto de congratulação entre os cristãos na festa maior do cristianismo.

2. Os presentes de Páscoa

A tradição da entrega e recepção de *presentes* na Páscoa, no Natal e nos aniversários, carrega, com ela, a imensa alegria do dar e do receber, que sacramentalizam, juntos, o amor. À luz da fé, esses gestos, em última análise, radicam-se no próprio gesto de Deus em seu mistério de amor, presenteando-nos seu próprio Filho: "Nisto se manifestou o amor de Deus para conosco: em nos ter enviado seu Filho único para que vivamos por ele" (1Jo 4,9); e no gesto de Cristo, que leva consigo, nele e por ele, a resposta de amor dos homens ao Pai: "Consagro-me (santifico-me, entrego-me) por eles, para que eles sejam santificados na verdade" (Jo 17,19).

O presente sempre nos chega envolto, escondido, sob véus, reservando para nós a sensação de novidade, surpresa, segredo. Nós o acolhemos com expectativa e curiosidade, com certa ansiedade, pegando-o com cuidado, com sorriso, agradecendo com ternura, a quem nos está presenteando. Depois, passamos a desvelar o presente, devagar, aos poucos, num crescente júbilo. Isso simboliza descobrir e revelar, nos sinais do presente, o amor ali expresso — e o amor é uma novidade, que se revela todo dia um pouco mais e que é, sobretudo, um mistério inesgotável e indivisível.

Para nós, cristãos, o presente simboliza principalmente Cristo, o presente de Deus, que nos vem envolto em panos, desconhecido, na Encarnação e na pessoa do outro, e que misteriosamente eclode diante de nós na Ressurreição, desvelando, abrindo o túmulo no qual jaz, revelando-se em toda a sua plenitude como o Senhor da Glória. À luz da Ressurreição de Jesus, pelo dom da fé, descobrimos o Cristo vitorioso, o Cristo da fé, e nos sentimos, não apenas tomados pela alegria, que faz nossa alma cantar Aleluias, mas projetados a viver, como apaixonados por Jesus Cristo, projetados na vida nova da acolhida, da partilha, da doação e do amor.

Mas o presente, seja ele qual for, e isso é uma exigência natural nossa, tem de traduzir autenticidade de quem no-lo dá, tem de revelar a verdade do que sente essa pessoa por nós. Por isso, ouso aqui fazer um jogo de palavras, mas que expressa uma imensa riqueza: "O presente só é mesmo presente, se nele a gente estiver presente". Isso porque amar, muito mais do que dar coisas — e que pode não passar disso — é acima de tudo, dar-se.

A entrega e a recepção de presentes precisam ser, portanto, a sacramentalização da entrega de nós mesmos e da acolhida do outro, em semelhança à doação de Jesus Cristo, que nele o próprio Deus se dá pessoal e totalmente a nós, e à acolhida, também por Deus, da Humanidade que se dá toda a ele, na própria pessoa de Jesus Cristo... Para um cristão, dar e receber presentes, enviar e receber cartões, especialmente na Páscoa e no Natal, é muito mais que um mero ato social. É viver o mistério da graça que revela aos homens o Amor do Pai no Filho pelo Espírito Santo, gratuitamente, como dom.

3. O coelhinho de Páscoa

Talvez um dos símbolos mais populares do período pascal, sem dúvida, depois do ovo de Páscoa, seja o coelho de Páscoa. Contudo, na verdade, deveria ser coelhinha e não coelhinho, por simbolizar mais a Igreja pascal, do que propriamente Jesus Cristo Ressuscitado.

O simbolismo vem da grande fecundidade dos coelhos. De fato, a Igreja, pela força de Cristo Ressuscitado, é fecunda em reproduzir e espalhar, por todo o mundo, novos discípulos dele, novos filhos de Deus, em obediência ao mandato de Jesus: "Ide, fazei discípulos" (Mt 28,19). A Igreja, Assembléia convocada, Povo conquistado por Deus, é, também, a Comunidade de Cristo. Ela é amada por Ele, *como* esposa, pois Ele se entregou por ela. Ele a atraiu para si mesmo, *como* esposa gloriosa (cf. Ef 5,25-27). E é impressionante como a pequena Comunidade de discípulos, logo após a Ressurreição, pela força do Espírito do Cristo Vitorioso, agiganta-se: "Os que receberam a Palavra de Pedro foram batizados. Naquele dia elevou-se a mais de três mil o número dos adeptos" (At 2,41).

Os integrantes dessa Igreja, pela vida e ação, conquistam outros. E, assim, a Igreja gera e sustenta um Povo que tem por finalidade e razão de ser, viver na amizade de Deus e ajudar a todos os homens e mulheres a se encontrarem *como* irmãos e irmãs, na marcha para o desenvolvimento pleno deles mesmos, como pessoas, como sociedade e, também, para colaborar no desenvolvimento pleno do cosmos, do universo. "A Igreja é *como* que o sacramento ou o sinal e instrumento da íntima união com Deus e da unidade de todo o gênero humano" (LG 1).

Abramos a Bíblia e encontremos nela a descrição da Igreja que desejamos, com a graça do Senhor, constituir e dinamizar, para Ele: Os fiéis "mostravam-se assíduos ao ensinamento dos Apóstolos, à comunhão fraterna, à fração do pão e às orações. Apossava-se de todos o temor, pois numerosos eram os prodígios e sinais que se realizavam por meio dos Apóstolos. Todos os que tinham abraçado a fé reuniam-se e punham tudo em comum: vendiam suas propriedades e bens, e dividiam-nos entre todos, segundo as necessidades de cada um. Dia após dia, unânimes, mostravam-se assíduos no Templo e partiam o pão pelas casas, tomando o alimento com alegria e simplicidade de coração. Louvavam a Deus e gozavam da simpatia de todo o povo. E o Senhor acrescentava cada dia a seu número os que seriam salvos" (At 2,42-47).

O coelhinho, melhor, a coelhinha de Páscoa, serve para relembrar à Igreja — e, evidentemente, Igreja *somos* nós — a necessidade de uma profunda abertura à graça da Ressurreição, à ação do Espírito de Cristo, para possibilitar ao próprio Senhor fecundá-la. Isso significa que, através de nós, de nosso ser e agir, Jesus Ressuscitado age no mundo, continuando sua missão salvífica.

Somos todos, desde a Páscoa, missionários para "ajuntar na Igreja outros que estão a caminho da salvação", mas, segundo Atos, cativando a simpatia do povo e, principalmente, dos que buscam sinceramente o caminho da salvação. A Igreja do Ressuscitado é, portanto, uma Igreja essencialmente fecunda, ativa, missionária. E é necessário que cada um de nós, cristãos, nos comprometamos nessa fidelidade ao Senhor e participemos efetivamente da Comunidade eclesial, criando a Comunidade-base, à imagem da Igreja primitiva. Isso facilitará que a concretização da Igreja deixe de ser, como até agora, massa passiva e se torne efetivamente dinâmica, para que com a luz e a força do Ressuscitado e do Espírito de Pentecostes, ela tenha bem mais Vida, isto é, seja o Cristo Ressuscitado agindo hoje no mundo, através dela, isto é, de nós.

4. Os ovos de Páscoa

Para facilmente ter a mente e o coração conectados com a Páscoa, os cristãos, em um determinado momento da história, passaram a dar ao ovo uma carga simbólica especialmente relacionada com a Ressurreição de Jesus. E essa leitura não foi difícil de ser feita, pois, de fato, o ovo, que aparentemente parece morto, inanimado e petrificado, é cheio de vida. Ele contém dentro de si uma vida nova que surge pujante para a luz do sol, rompendo a resistência da casca. O sepulcro é local de morto. Mas o sepulcro de Jesus continha o próprio Jesus, porém, em Vida Nova. E, então, no dia da Ressurreição, ele irrompeu das trevas do túmulo, iluminando o mundo como o Ressuscitado. O mesmo Jesus morto e sepultado estava redivivo e glorioso.

Atualmente o ovo, porém, confeccionado de chocolate e enfeitado, é um dos símbolos pascais de maior popularidade, que se tornou um elemento necessário na festividade da Páscoa cristã. Originariamente, porém, tratava-se de ovos verdadeiros, que os cristãos permutavam, como presentes, sobretudo nos períodos de perseguição religiosa. Para se comunicarem, eles tiveram de inventar uma linguagem extremamente simbólica e misteriosa para diversos elementos cristãos, como o faz, por exemplo, o livro do Apocalipse. Muitos dos símbolos do cristianismo vieram dessas épocas difíceis. Hoje, estamos tão longe dos significados dados a eles naquelas épocas e, por isso, precisamos redescobrir seus sentidos verdadeiros, que se perderam pelos caminhos da história e, sobretudo, sob o impacto de uma crescente paganização de nossas festas cristãs, carregadas de consumismo.

A humanidade descobriu que a vida está intimamente ligada ao ovo, sendo grande parte dos seres proveniente de um óvulo que, depois de fecundado, gera uma nova vida. Vem daí então uma profunda conexão que nós fazemos, há milhares de anos, entre o ovo e a fonte da vida. Conseqüentemente, os cristãos, por sua vez, descobriram, como que naturalmente, a conotação transcendente desse simbolismo do ovo em relação ao túmulo de Jesus, com o Cristo Ressuscitado. Houve e ainda há em alguns lugares o costume de as senhoras gestantes receberem uma bênção especial no dia da Páscoa, para, assim, receber os influxos salvíficos da Ressurreição, sobre a vida nova, o novo ser humano que levam dentro do ventre materno. Faz parte desse rito de bênção as gestantes levarem consigo para a bênção, como símbolos de vida nova, ovos em um cestinho. Algumas culturas mantêm o costume de pintarem artisticamente ovos naturais. Outras fazem o mesmo, enchendo esses ovos de guloseimas.

O simbolismo pascal do ovo lembra-nos ainda o mistério de nossa própria morte. Estaremos na obscuridade do túmulo, na penumbra da morte. Mas essa sina fatal de todo mortal, nós os cristãos a vemos com outros olhos, os da fé. Ali estamos como Cristo à espera da ressurreição. Cremos que a força da ressurreição está trabalhando em nós, desde que nascemos, e continuará fazendo isso em nós, quando estivermos no túmulo e, um dia, dessas trevas da morte sairemos radiantes, transformados, novos, portanto, ressuscitados. O próprio Senhor Jesus o prometeu: "Eu sou a Ressurreição e a Vida. Aquele que crê em mim, ainda que esteja morto, viverá. E todo o que vive e crê em mim não morrerá jamais" (Jo 11,25). E ele ainda nos revela o segredo para a ressurreição gloriosa, a comunhão com ele e sua missão: "Quem come minha carne e bebe meu sangue tem a vida eterna; e eu o ressuscitarei no último dia" (Jo 6,54); e, mais ainda, o atendimento a ele, nas situações mais dolorosas: "Vinde, benditos de meu Pai! Tomai posse do Reino... Eu estava com fome, sede... e vós cuidastes de mim" (cf. Mt 25,34-40).

2

Cordeiro Pascal, Peixe e Peixinho, Girassol

1. Cordeiro Pascal

Já conhecemos, desde a infância e, neste livro já falamos, a história da escravidão a que o Povo de Deus foi submetido pelos Faraós do Egito. E que Deus, vendo a aflição de seu Povo, resolveu salvá-lo. Para isso convocou Moisés e Aarão e os incumbiu dessa árdua tarefa. Vamos reter aqui que, ao se retirarem do Egito, os israelitas fizeram, sob orientação de Moisés, uma refeição cultual, com diversos alimentos, aos quais foram dados, para marcar aquele momento histórico e religioso, significados simbólicos. Entre eles, estava como prato principal um cordeirinho assado.

Eis a recomendação de Moisés: "Dizei a toda a Assembléia de Israel: 'No décimo dia deste mês, cada um de vós tome um cordeiro por família. O cordeiro será sem defeito, macho, de um ano. No décimo quarto dia, toda a Assembléia o matará ao cair da tarde. Colocarão seu sangue sobre os dois umbrais e sobre a verga da porta das casas em que o comerão' (Êx 12,1-7). 'Eis a maneira como o comereis: tereis cingidos vossos rins, vossas sandálias nos pés, e vosso cajado na mão. Comê-lo-eis apressadamente: É a Páscoa do Senhor!'" (Êx 12,11).

Naquela noite, tendo sinalizado as portas das casas

dos israelitas com o sangue do cordeiro, e enquanto eles comiam do cordeiro, o Senhor — diz o texto bíblico — passou entre os egípcios e os encheu de pavor, obrigando-os a deixarem o Povo Santo sair rumo à liberdade. E Moisés mandou que essa refeição fosse repetida no futuro, no mesmo mês, porém com um sentido original, de grande importância para Israel, o de "memorial" da libertação: "Conservareis a memória daquele dia, celebrando-o como uma festa em honra do Senhor. Fareis isto de geração em geração, pois é uma instituição perpétua" (Êx 12,14). "Observareis esse costume como uma instituição perpétua para vós e vossos filhos. E quando vossos filhos vos interrogarem: 'Que significa este rito?' Respondereis: 'É o sacrifício da Páscoa em honra do Senhor que nos libertou da escravidão do Egito'" (Êx 12,24.27). E isso os judeus passaram a fazer todos os anos, celebrando a Páscoa, tornando-se presentes àquela saga libertadora e trazendo-a ao momento presente.

Jesus, como todo bom judeu, evidentemente celebrou e viveu a Páscoa hebraica, segundo a Lei e os costumes, enriquecidos com a densidade da história e a experiência do presente. O que os evangelistas e São Paulo trazem a respeito da Instituição da Eucaristia é que ela aconteceu durante a Ceia Pascal judaica, que Jesus celebrou com sua comunidade de amigos, os Apóstolos, a qual conhecemos como Última Ceia. Consciente do que estava fazendo, Jesus, semelhantemente a Moisés, orientou seus amigos para que essa sua Última Ceia, que naquele momento adquiria um novo significado, muito novo e denso, passando a ser a Primeira Ceia de novos tempos, fosse repetida, para sempre, em "memória" dele. A Páscoa hebraica, assim o perceberam os Apóstolos, era, na verdade, uma imagem e um anúncio da Ceia de Jesus, que é a verdadeira Páscoa. Jesus na Ceia Pascal, eles concluem, é a completitude do Cordeiro Pascal.

De fato, Jesus, após ter imolado e comido com os discípulos o cordeiro, operou a transformação dessa Ceia Pascal hebraica, tornando-a Ceia Pascal da Nova história da libertação, a verdadeira libertação da humanidade da escravidão do Demônio e da morte, a Ceia da definitiva e eterna Aliança (cf. Jr 31,31ss.). Ele se colocou no lugar do cordeiro imolado, cujo sangue esteve como sinal nas casas dos judeus, na saída do Egito. Jesus substituiu aquele cordeiro, simbolizado ali naquela Ceia Pascal judaica. Em seu lugar coloca a si próprio que, no dizer de João, o Batista, era "o Cordeiro de Deus que tira o pecado do mundo" (Jo 1,29). Jesus, no momento da Ceia, apresentava-se, realmente, como sendo esse Cordeiro de Deus.

Claro ficou, então, que o verdadeiro Cordeiro de Deus, o Libertador, que em breve seria imolado no portal do mundo no alto da cruz, derramando seu sangue, estava ali, dando-se naquela Ceia, em alimento e, também, ele mandava que se repetisse essa Ceia até a consumação dos séculos. O Senhor tomou o pão e disse: "Tomai e comei, isto é o meu corpo que será entregue por vós. Fazei isto em memória de mim". Do mesmo modo, depois de ter comido, tomou também o cálice, dizendo: "Este cálice é a nova Aliança no meu sangue; fazei isto, todas as vezes que o beberdes, em memória de mim" (1Cor 11,23-29). E, então, o "memorial pascal" adquiriu, em Jesus e por causa dele, outro sentido. É isso o que nossa fé nos diz e assim o cremos.

Jesus Cristo, o verdadeiro Cordeiro Pascal, que prometeu ficar conosco para sempre, de maneira privilegiada alimenta-nos em nossa caminhada com sua própria vida, força e graça, no pão e no vinho consagrados, a Eucaristia. E ele alimenta em nós a Liberdade e nos torna, por sua virtude e com ele, libertadores. Na Santa Missa, recebemos esse mesmo Jesus Cristo, que São Paulo denomina de a *nossa Páscoa:* "Pois, nossa Páscoa, Cristo, já foi imolado" (1Cor 5,7). E Jesus mantém em nós a Páscoa permanente, pois está conosco, fica conosco.

É esse mesmo Jesus Ressuscitado que, todas as vezes que celebramos a Ceia Eucarística, oferecemos em sacrifício a Deus Pai. Trata-se efetivamente — nos diz nossa fé — de um sacrifício, do sacrifício por excelência. *Sacrum facere, Cum sacrare* ou *secrare* significa tornar sagrado, separado, reservado exclusivamente para o Senhor, ser sagrado, santo, perfeito, como Deus o é. Jesus é o "sagrado por natureza", que se consagra e se santifica para tornar-nos santos: "Por eles a mim mesmo eu me consagro, para que eles sejam consagrados na verdade" (Jo 17,17).

Jesus Cristo é o Cordeiro de Deus e, ao mesmo tempo, o Bom e Grande Pastor (cf. Jo 10,11ss.; Hb 13, 20; 1Pd 5,4), que nos guia e nos alimenta na caminhada para a Eternidade Feliz, para a Páscoa Eterna, à qual nos convida: "Felizes os convidados para a festa de núpcias do Cordeiro" (Ap 19,9). Nessa festa encontraremos a felicidade total: "Estes são os que vêm da grande prova; lavaram suas vestes e as alvejaram no sangue do Cordeiro. Por isso, estão diante do trono de Deus, e o servem dia e noite em seu santuário. Ele, que está sentado no trono, os abrigará sob sua tenda. E, então, não terão mais fome, nem sede e jamais serão abrasados pelo sol ou calor algum. Porque o Cordeiro que está no meio do trono será seu pastor e os levará às fontes das águas vivas. E Deus mesmo enxugará toda lágrima de seus olhos..." (Ap 7,14-17).

2. O peixe e os peixinhos

O peixe, como recordação de Jesus Cristo, é um dos mais antigos símbolos cristãos. Ele também se originou em momentos de perseguição. Na dificuldade de viverem e proclamarem sua fé, os cristãos plasmaram, com o peixe, um dos sinais evocativos, bem significativos, do Senhor Jesus. Com as letras da palavra *peixe* na língua grega (IXTUS), eles colocaram para cada uma delas uma palavra grega diretamente relacionada com Jesus. **I** = *Iesus* (Jesus); **X** = *Xristòs (Cristo)*; **T** = *Theos* (Deus); **U** = *Úios* (Filho); **S** = *Soter* (Salvador), que assim traduzimos para o português, na seqüência das palavras; "Jesus Cristo de Deus Filho, Salvador", ou seja, Jesus Cristo, Filho de Deus, Salvador.

E, então, nas casas, nas roupas, na conversa e nos túmulos, a figura do peixe e a própria palavra peixe (IXTUS) passaram a ser colocadas em destaque. Em alguns lugares adotou-se o costume de desenhar no chão, ou com o pé, a silhueta do peixe, como uma senha de reconhecimento. Além dessa maneira de expressar o simbolismo do peixe, os cristãos utilizavam, também, a ilustração que faziam do milagre da multiplicação dos pães e dos peixes (cf. Mt 14,17), colocando-os juntos, de modo estilizado. Essa representação conduzia diretamente o imaginário das pessoas para Cristo. E a associação ao pão da Eucaristia facilitava a leitura do desenho como símbolo.

Mas a relação desse símbolo com a Páscoa de Jesus se encontra, sobretudo, no fato de o peixe estar presente em algumas aparições do Senhor, após a Ressurreição, facilitando, assim, a associação do peixe com a pessoa de Jesus Cristo. Recordemos algumas das referidas passagens como, por exemplo, em João (21,9): "Ao saltarem em terra, viram umas brasas preparadas e um peixe em cima delas, e pão". Ou em Lucas (24,42), onde aos discípulos, espantados e medrosos com sua aparição, Jesus pediu algo para comer a fim de convencê-los de que era ele mesmo. E diz o texto bíblico: "Então lhe ofereceram um pedaço de peixe assado e um favo de mel".

Refletindo sobre esses textos, podemos descobrir no símbolo do peixe e dos peixinhos uma importante mensagem para nós, no sentido da graça, isto é, da presença gratuita, misericordiosa, enriquecedora do Senhor em nossa vida. Se Cristo é o grande Peixe (IXTUS), nós somos os peixinhos. Ora, sabemos que os peixes têm um meio ambiente próprio para viver, a água. Com isso podemos dizer que devemos viver "mergulhados" no meio ambiente de Cristo, isto é, em sua companhia, em sua graça, na amizade com ele, na vida divina dele e, por ele, no grande meio ambiente da Santíssima Trindade, comunidade perfeita de Amor. Nessa realidade fomos colocados pelo Batismo, lugar e ato pelo qual nascemos para Deus. Como os peixinhos nascem e vivem na água, e fora da água morrem, nós, fora do ambiente de Cristo, isto é, sem a intimidade com Deus e o amor ao próximo, portanto, sem a graça, obviamente morremos.

Isso implica para nós, cristãos, discípulos do Ressuscitado, um sentido de Páscoa muito realista, traduzindo esse símbolo tão simples, em nossa vida diária, em nosso lar, em nosso ambiente de trabalho: urge que nós, cristãos, troquemos a água do grande aquário que é o mundo, nosso lar, nossa comunidade, o lugar onde trabalhamos, a sociedade, para que os homens não morram. Milhares de detritos e insalubridades envenenam cada vez mais nosso meio ambiente cristão e nosso ambiente de comunhão com Cristo. Cabe a nós voltar às fontes, encontrar Cristo e, com Cristo, nele mesmo, a água pura. Ele é a água viva (cf. Jo 4,10), que em nós faz jorrar rios de água viva (cf. Jo 7,38).

3. O girassol

A bela flor, denominada girassol, pertence ao gênero de plantas *Helianthus* (palavra grega, que é composta por duas outras: *helio* = sol e *anthos* = flor). São mais de 65 espécies. Algumas chegam a três metros e a menor não passa de um metro. O nome girassol vem de sua flor amarela que tem um dispositivo natural que faz a flor acompanhar as diferentes posições do sol. Ele realiza essa função todos os dias, até seu amadurecimento. É quando se fixa na posição do sol nascente.

Onde existe, o girassol recebeu significados que perduram. Eles diferem, segundo cada cultura. Por sua posição nobre, beleza e cores irradiantes, ele pode simbolizar riqueza, fama, sucesso e felicidade. Mas pode ainda significar, também, energia, atenção, calor, poder. E há pessoas que ligam ao girassol, quando dado a alguém que está inaugurando seu próprio negócio, o sentido de fortuna, ouro e, portanto, muito sucesso, muita riqueza. Para outros, significa energia positiva e, dá-lo a alguém, expressa votos de coragem, longevidade, ânimo positivo.[5]

O girassol talvez seja um dos símbolos pascais menos conhecidos. Contudo, como veremos a seguir, ele é rico de significado para nós cristãos, especialmente no período pascal. A tese principal parte desta comparação: assim como, para sobreviver e dar frutos, o girassol precisa ter sua corola continuamente voltada para o sol, do nascente ao poente, também nós, da aurora ao ocaso de nossa vida, devemos estar voltados para o divino Sol, Cristo Jesus. É ele para nós, rezamos no *Benedictus* (cântico de Zacarias), pai de João Batista: "o Astro das alturas (o sol), que nos veio visitar" (cf. Lc 1,79). A Igreja tem essa tradução usada na Liturgia das Horas: "O amor do coração de nosso Deus, Sol nascente, que nos veio visitar, lá do alto, como luz resplandecente, a iluminar a quantos jazem entre as trevas e na sombra da morte estão sentados e para guiar nossos passos no caminho da paz". E os cristãos aplicam a Jesus Cristo essa mensagem, que se encontra no Profeta

5. Cf. PAGOTTO, Lúcia e JORDÃO, Fernanda P. *Floricultura Zabelê.* Internet, Site Planeta Natural.

Malaquias (3,20): "Para vós que temeis meu nome, brilhará o sol da justiça, que tem a cura em seus raios".

Nossa fé nos ensina que devemos viver em uma total polarização de nossa vida no Senhor Jesus. Isso significa, sobretudo, estar continuamente em comunhão com ele: "Com Cristo, em Cristo, e por Cristo". Sem essa mística, encarnada no dia-a-dia, o cristão fica vazio, portanto, é um mentiroso, pois se diz cristão, mas não vive e não expressa Jesus Cristo. E o próprio Senhor Jesus nos diz: "Sem mim nada podeis fazer" (Jo 15,5). E sabemos muito bem, por meio de São Pedro, que dependemos visceralmente do Cristo, já que, de fato, também nós podemos exclamar: "A quem iremos, Senhor? Só tu tens palavras de vida eterna!" (Jo 6,69).

Estar voltado para o Senhor, assimilar sua energia, viver de sua vida e, conseqüentemente, em imensos sorrisos num rosto aberto, desanuviado, como a corola do girassol, irradiar a alegria dessa vida nova, apontando para outros a trajetória da felicidade, eis o que simboliza, para o cristão, essa bela flor, o girassol. E, ainda, suas cores, amarelo, verde e branco, expressam a realeza de Cristo (amarelo), a esperança (verde) e a paz (branco). Ele ostenta muitas sementes, desafiando-nos a que, à luz poderosa e fecunda do Sol maior, Jesus Cristo, demos frutos em abundância.

É na oração, em sintonia constante com o Senhor, na participação na Eucaristia, e é no serviço da caridade, que estaremos voltados para a luz de Cristo. E a noite que sobre nós se abater não nos atrapalhará, pois continuamos unidos com o Senhor, que no silêncio e na penumbra, em nós age para um novo amanhecer. E quando alguma nuvem nos dificulta perceber a luz de Cristo, temos certeza, na fé, que por detrás dela, ele está irradiando sobre nós suas graças, como o sol que parece sumir, mas na verdade apenas está brincando de esconder, divertindo-se com nossa alegria, por novamente, em seguida, reencontrá-lo.

3

Círio Pascal, Sinos, Aleluia, Vestes Brancas

1. Círio Pascal

É a grande Vela acesa solenemente no Sábado de Aleluia, a noite de Páscoa. Nessa Vela são gravadas as letras "Alfa" e "Omega", a primeira e a última letra do alfabeto grego. Isso quer significar que Deus é "o princípio e o fim de tudo", que tudo provém de Deus, subsiste por causa dele e vai para ele. São gravados ainda os algarismos do ano corrente, significando que a Deus pertence, e a ele oferecemos este ano e tudo o que nele fizermos.

Fincamos no Círio, formando uma cruz, cinco grãos de incenso em forma de cravos. O incenso é uma substância aromática que queimamos em homenagem a Deus. Sua fumaça, subindo, simboliza nosso desejo de permanente união com Deus e de que nossa vida, nossas ações e nossas orações sejam agradáveis ao Senhor. Ela representa, também, nossa oração, que desejamos chegue a Deus como suave perfume de amor. Esses grãos simbolizam ainda as cinco chagas gloriosas do Cristo Ressuscitado que lhe possibilitaram amar-nos totalmente, conforme ele mesmo dissera: "Não há maior amor do que dar a vida pelos amigos" (Jo 15,13).

O Grande Círio Pascal é o símbolo típico de Jesus Cristo Ressuscitado, o Vitorioso. Com o Círio aceso e enfeitado, declaramos com o Concílio Vaticano II que: "a Luz dos povos é Cristo" (cf. LG 1). E Jesus, essa é nossa convicção, é, de fato, a Luz que ilumina todo homem que vem a este mundo (cf. Jo 1,9). Ele próprio o declara: "Eu sou a Luz do mundo; aquele que me segue não andará em trevas, mas terá a luz da Vida" (Jo 8,12; cf. Jo 9,5; 12,46).

Por seu simbolismo, o Círio Pascal relembra que o mistério pascal nos traz a Boa Notícia da Ressurreição de Jesus e a realidade de uma visão nova do homem, da história e do sentido de tudo. A Ressurreição é o fundamento decisivo de nossa fé, pois sem ela nossa fé seria vã, diz-nos São Paulo (cf. 1Cor 15,14). Ela é para nós a garantia da certeza do conteúdo de nossa esperança cristã (cf. 1Cor 15,14), a esperança de nossa própria ressurreição e da chegada, um dia, de novos céus e nova terra (cf. 2Pd 3,13). E ela é o estímulo maior para que desabrochemos nossa caridade, e tornemos operosa, em gestos de amor libertador, nossa fé (Tg 2,20). Quem aceita Jesus Cristo, quem se compromete com ele, está iluminado, e é luz também. "Por Cristo, em Cristo, com Cristo", a vida dessa pessoa é transformada, em todas as suas dimensões, em todas os seus pormenores.

Na noite de Páscoa, acendemos nossas velas no Círio Pascal. Com isso queremos expressar nossa união com o Cristo Ressuscitado, de quem recebemos a luz da vida. E expressamos, também, nosso compromisso com ele; pois com ele, nós também ressuscitamos para uma vida nova na graça e aguardamos, na certeza da fé, nossa ressurreição, semelhante à dele. Com a vela acesa na mão renovamos as promessas do Batismo, renunciando a Satanás e a toda maldade, e professando nossa fé, assumindo suas conseqüências em nossa vida. Tomamos consciência de sermos, com Cristo, luz, como ele mesmo nos diz: "Vós sois a luz do mundo. Que, portanto, brilhe vossa luz diante dos homens, para que as pessoas vejam vossas boas obras, e glorifiquem vosso Pai que está nos céus!" (Mt 5,14.16).

Nessa noite venturosa, renovamos nossa convicção de que somos os responsáveis por iluminar os homens e mulheres, para que através de nossa luz, percebam, encontrem a Luz absoluta, que é Jesus Cristo. E essa luz que de nós irradiar deve brotar de nosso ser, transformado pela conversão, e efetivar-se em nossa maneira de falar e fazer. Afinal, como diz São Paulo, "já não sou eu quem vive, é Cristo quem vive em mim" (Gl 2,20). E, além de eliminar as trevas em nós, devemos espantar as trevas nos outros, no mundo, pois, o Senhor nos envia com a missão de "pregar e de expulsar demônios" (Mc 3,14-15).

O cristão pascal, que vive do Ressuscitado, é aquele que, para iluminar, se deixa consumir, que em sua luz acende outras, dando sua própria vida, como ensinou e o fez Jesus (cf. Jo 15,13). Na prática, ele realiza isso, promovendo relações humanas de qualidade, colocando o outro em primeiro lugar, busca a felicidade dos outros, lutando pela defesa e promoção da dignidade humana, pelo desenvolvimento sustentável para todos, a humanização de tudo o que as pessoas, grupos, empresas, sociedades pensam e realizam. Seu compromisso de Páscoa consiste em iluminar o caminhar do outro para ajudá-lo a sair da ignorância, da fome, da opressão, da exploração, do crime, da guerra.

O cristão pascal, apesar de sua fragilidade de pecador, é luz e força para a saída do pecado, da falta de amor, de justiça, de responsabilidade, de comunhão. Ele é, ainda, criador de condições para que aconteça a manifestação de Deus no coração das pessoas, nos acontecimentos. Nele e por ele, Deus se torna presente, convoca um povo e estabelece sua tenda entre nós: "Nisto todos hão de conhecer que sois meus discípulos, se vos amardes uns aos outros como eu vos amei" (Jo 13,35). O cristão pascal não pode ser omisso. A luz do Ressuscitado, que nele e através dele brilha, não pode ser escondida: "Não se acende uma luz para ser colocada debaixo da mobília, mas sim para ser colocada sobre o candelabro, em lugar alto, a fim de que brilhe para todos os que estão na casa" (Mt 5,15).

2. Os sinos

O repicar festivo dos sinos constitui, através da história, um meio de comunicação, muito típico e próprio, para as celebrações cristãs e para avisos. Nas grandes solenidades todos os sinos das igrejas da cidade repicam alegremente, motivando psicologicamente a todos para as celebrações religiosas. Eles marcam, particularmente, as duas festividades maiores da fé cristã: o Natal e a Páscoa.

Mas, na verdade, é após o longo silêncio do período da Paixão, sem seus vibrantes sons, que seu bimbalhar ajuda a criar um clima próprio, evidenciando a mensagem mais importante para o cristianismo, que todos os fiéis, ao ouvi-lo, com alegria, recordam, compreendem imediatamente, e clamam: "Jesus Cristo ressuscitou, aleluia! Ele está no meio de nós, aleluia!"

3. Aleluia

Essa palavra, tão curta, é uma das mais expressivas aclamações de louvor e de alegria da religião judaica e da religião cristã. Ela, na verdade, é uma frase em hebraico: *Hallelui-yah*, que significa "Louvai, com muita alegria, a Javé, o único Deus!" ou "Alegremo-nos, Javé é vitorioso!", ou ainda: "Salva-nos, ó Javé, único Deus!" ou literalmente "*Hallel* = Louvem com júbilo, *ui* = todos vocês a, *Yah* = Javé, o Deus único". O Aleluia era muito utilizado no Antigo Testamento. Ele se encontra na liturgia (cf. Tb 13,22), especialmente no canto dos Salmos Aleluiáticos, isto é, de júbilo, ora no princípio do Salmo, ora no final ou em ambos os lugares (cf. Sl 111; 104; 135).

Os cristãos, que eram, no começo do cristianismo, todos judeus, o adotaram com facilidade. E no Novo Testamento o encontramos, repetidamente, por exemplo, no Apocalipse 19,1-8, numa grande liturgia celeste, como expressão de glória a Deus. Assim escreve São João: "Depois disso, ouvi no céu como que um imenso coro cantando: Aleluia! A salvação, a glória, o poder são de nosso Deus!"

O cristianismo adotou o Aleluia em sua liturgia. Em todas as Missas, com exceção do período da Quaresma, o Aleluia é obrigatório, como aclamação ao Evangelho. Mas é na festa da Páscoa e no período pós-páscoa que ele ocupa um lugar de destaque. É com essa aclamação, cantada três vezes, em tons diferentes, que se proclama solenemente, na noite da Vigília Pascal, a Boa-Nova da Ressurreição do Senhor Jesus Cristo. Os grandes músicos, em suas composições, deram atenção ao Aleluia como, por exemplo, Georg Friedrich Haendel, que eternizou essa exclamação de júbilo, em seu famoso *Aleluia*, o grande Hino da Ressurreição, em seu Oratório "O Messias".

4. Vestes Brancas

Com os sons maviosos dos sinos e a exclamação de júbilo do *Aleluia*, os cristãos têm, nos panos brancos, um símbolo importante da Páscoa. O templo é ornado com profusão de branco: vestes, toalhas e flores, e muitos cristãos, em sinal de alegria pela vitória de Cristo, vestem-se de branco. Essa cor foi instintivamente adotada pelos cristãos desde os primeiros tempos para simbolizar alegria, vitória e também vida de pureza com Deus e para ele.

Na meditação atenta do Novo Testamento, descobriu-se que a cor branca aparece muitas vezes em momentos de alegria, serenidade, paz. Vamos dar alguns exemplos: Na transfiguração (Mt 17,2) a narrativa é explícita: "Lá ele se transfigurou na presença deles: seu rosto brilhou como o sol e suas vestes tornaram-se resplandecentes de brancura". No sepulcro vazio, Maria Madalena, Maria, a mãe de Tiago e Salomé, encontraram "um jovem, vestido de túnica branca" (Mc 16,5). Cedo os cristãos passaram, então, a simbolizar a criatura nova do Batismo pela veste branca, tornando visível uma comparação de São Paulo, em uma de suas cartas: "Despi-vos do homem velho e revesti-vos do homem novo" (Ef 4,22-24; cf. Ef 2,15; Cl 3,10).

A Igreja introduziu, na Liturgia batismal, o uso da veste branca, para os recém-batizados, revestindo-os de uma alba (túnica branca). Esses neófitos trajavam esse símbolo toda a semana da Páscoa. No sábado ou no domingo da semana seguinte ao dia da Páscoa, eles punham, na celebração, essa veste branca, expressando que já haviam incorporado a pureza de vida exigida pelo batismo. É por isso que aquele sábado ou aquele domingo recebeu a denominação, respectivamente, de "sábato in albis!" "Domínica in albis". Ainda hoje, na cerimônia do Batismo, a criança, além de ser levada ao batistério vestida de branco, recebe a imposição, pelas mãos do celebrante, de uma veste branca, rito que é acompanhado de orações apropriadas.

O Batismo é, para o cristão, segundo a teologia, uma ressurreição. São Paulo o expressa muito bem quando escreve em Rm 6,3-4: "Não sabeis que todos os que fomos batizados em Cristo é em sua morte que fomos batizados? Portanto, pelo batismo, nós fomos sepultados com ele na morte para que, como Cristo foi ressuscitado dentre os mortos pela glória do Pai, assim também nós vivamos vida nova". E dessa vida nova o Apóstolo deduz importantes aplicações para os cristãos: "Considerai-vos mortos para o pecado e vivos para Deus, em Cristo Jesus. Portanto, que o pecado não impere em vosso corpo mortal...; pelo contrário, oferecei-vos a Deus como vivos, provindos da morte e oferecei vossos membros como armas de justiça a serviço de Deus" (Rm 6,11-13).

4

Trigo e Uva, Pão e Vinho

Pão e vinho, eis os alimentos milenarmente considerados, junto com a água, a representação do básico para uma refeição. E o vinho, em algumas culturas, às vezes, curiosamente, supera a própria água. Trata-se aqui de alimento sólido e alimento líquido, o pão e o vinho, tradicionalmente essenciais em quase todos os países do mundo desde antiqüíssimos tempos. A humanidade está comprometida no cultivo do trigo e da videira, em seu conseqüente trabalho de transformação em pão e vinho, e em seu consumo.

1. No Antigo Testamento

a) O Pão

Tanto no Antigo Testamento como no Novo, o símbolo do "pão", seu uso, fabricação, feito de trigo ou cevada, contém grande carga emocional, como ritual religioso, portanto, com grande sentido espiritual. Façamos um vôo panorâmico pela Bíblia para detectar, nela, alguns de seus importantes ensinamentos sobre o pão.

A primeira vez, na seqüência atual de seus livros, que a Bíblia fala de pão é quando Adão e Eva são expulsos do Paraíso. Deus lhes diz: "Comereis o pão com o suor de vosso rosto" (Gn 3,17-19). O autor sagrado interpreta que o trabalho para se alimentar é uma das primeiras conseqüências naturais do grave pecado de orgulho ou auto-idolatria dos primeiros pais da humanidade e, portanto, de desobediência, isto é, de Adão e Eva não terem aceito que eram criaturas limitadas e frágeis. Esses dois pecados os levariam certamente à ruína, isto é, à morte, como o Criador lhes havia revelado (Gn 2,16-7). Essa explicação se deve a uma determinada interpretação, pois na época em que Gênesis foi escrito, o pão na tradição israelita significava todo tipo de alimento, incluindo o espiritual (Dt 8,3).

O ser humano não pode viver sem alimento, e o pão, apesar da dificuldade em ser obtido, revelou-se substancialmente superior a todos os demais alimentos que ele encontrou sobre a terra, muitos deles já prontos, como as frutas, as raízes e as ervas e vários outros exigindo menos trabalho em ser obtido, como, em geral, as carnes. E não foi nada difícil para o ser humano dar o salto qualitativo para o significado espiritual, ao perceber que tanto sua alma (*nephesh*), como seu espírito (*ruach*), necessitavam de seu alimento adequado, específico.

No Livro do Êxodo encontram-se prescrições a respeito de um pão especial, denominado "pão ázimo" (em hebraico *matzá,* no plural *matzot*). É o pão sem levedo (*chametz*) ou fermento (cf. Êx 12,39). Esses pães sem fermento originaram-se de ritos agrícolas antigos. Eles expressavam a oferta aos deuses, das primícias dos frutos da natureza, a renovação da natureza e a pureza da vida vivida na justiça. O trigo novo, o vinho novo e o pão novo eram separados para o culto.

Para a confecção desse pão requerem-se grãos de trigo, embora haja possibilidade de uso de qualquer das espécies de cereais, tais como trigo, cevada, centeio, aveia. Ao moê-lo, deve-se evitar a umidade e a fermentação da farinha. Não se acrescenta nem sal, nem ovo, nem levedo. O tempo de amassar e assar no forno não deve ultrapassar os dezoito minutos. Esse pão é uma camada fina, geralmente arredondada, sem fermento ou levedo, assada sobre superfície quente arredondada.

É apelidado "pão de aflição" (*lechem ani*), pois ele simboliza a falta de tempo para fermentá-lo e comê-lo no Seder, a refeição ritual daquela noite sagrada, na pressa da saída angustiante do Egito, na noite da libertação, da passagem ou páscoa (*pessach*), realizada pela força de Deus e sob o comando de Moisés e Aarão (cf. Êx 12). Eles, depois, prescrevem a celebração da Festa dos Ázimos, todos os anos, juntamente com a Festa da Páscoa, ambas em comemoração daquela histórica saga da libertação, que marcou para sempre o sonho de liberdade do povo israelita. Há uma variante de pão ázimo, o *matzdá ashirá*, na qual o pão é enriquecido com ovos, mel, azeite ou vinho. Não é usado durante o Seder e é, até mesmo, proibido pelos Rabinos, por conter sabores que destoam do sentido de "aflição".

O relato da prescrição de Moisés e Aarão encontra-se em Êx 12,8: "Naquela noite comereis a carne assada no fogo, com pães ázimos e ervas amargas". E, também, em Ex 12,15-20, que descreve a criação da Festa dos Ázimos, em memória da libertação da escravidão. E a razão é esta: "Observareis esta festa porque neste dia é que fiz vosso exército sair do Egito" (cf. Êx 12,17).

Mas, ao longo da história do povo judeu, foram sendo acrescentados outros sentidos simbólicos a esses pães sem fermento como, por exemplo: purificação do fermento egípcio (paganismo, escravidão), a dinâmica do peregrinar, que traz consigo uma vida mais frugal, de sacrifício, e a falta de tempo de fermentar a massa. Jesus alude ao sentido de fermento da maldade, quando exorta seus discípulos a tomarem cuidado com o fermento dos fariseus.

Por sua vez São Paulo, em sua 1Cor 5,7-8, exorta os seguidores de Jesus, dizendo: "Purificai-vos do velho fermento para serdes nova massa, já que sois sem fermento. Pois nossa Páscoa, Cristo, foi imolada. Celebremos, portanto, a festa, não com o velho fermento, nem com fermento de malícia e perversidade, mas com pães ázimos, isto é, na pureza e na verdade". E, para nós cristãos, Jesus, por seu sacrifício pascal, destruiu o velho fermento do pecado e nos purificou, possibilitando-nos vida pura e santa, simbolizados no pão sem fermento.

No cristianismo não há o costume do pão ázimo, usado somente para a hóstia, o pão utilizado para a consagração. Ele quer simbolizar a pureza da matéria e da pessoa para a presença sacramental e real e especial de Jesus Cristo. A Igreja Católica, em suas leis, é discreta e sucinta, e no Cânone 924, consta uma lacônica e simples orientação, quanto às hóstias: "o pão deve ser só de trigo e feito há pouco, de modo que não haja perigo de deterioração". O mais importante, porém, é que no cristianismo permaneça e se torne verdade, na vida dos fiéis e das comunidades, o sentido espiritual dos ázimos: vida sem o fermento da maldade, vida purificada, vida nova, com o Senhor ressuscitado.

b) O Vinho

O vinho tornou-se uma bebida das mais fundamentais para Israel. Há na Bíblia para o vinho vários significados ligados, no aspecto positivo, ao amor, à abundância, à força, à vitória e à alegria; e, no aspecto negativo, à fraqueza humana, à falta de sabedoria, à angústia e à prostituição. Eis, de modo muito resumido, um pouco do que nos diz o Antigo Testamento sobre o vinho.

Do livro do Gênesis salientamos duas situações. O uso do vinho, no caso de Noé, após o Dilúvio. Suas filhas o embriagaram para dele se engravidarem, sem que ele, como pai, o percebesse. Essa foi uma estratégia que o autor bíblico colocou para solucionar o problema da continuação da espécie humana, a partir das pessoas que sobreviveram à gigantesca devastação da terra provocada pelo Dilúvio. As moças não tinham outra solução que recorrer ao sêmen do próprio pai. Evidentemente, no contexto da narrativa, o gesto das filhas é justificado pelo escritor bíblico.

A segunda situação, a tiramos de Gn 23,13, quando do encontro de Abraão com um misterioso rei e sacerdote do Deus Altíssimo, Melquisedec, rei de Salém, a futura cidade de Jerusalém, que lhe presenteia, a ele e a seu povo, com pão e vinho. Esse encontro, a figura de Melquisedec e as oferendas marcam de modo significativo a história do povo judeu e, também, são valorizados no cristianismo.

Em alguns livros da Bíblia, o vinho faz parte do culto a Javé. Assim, por exemplo, em Lv 23,13, é prescrito ao sacerdote judeu que "sua oblação, neste dia, será de dois décimos de flor de farinha, amassada com azeite. A oferenda será queimada para Javé, em perfume de agradável odor. E sua libação será de um quarto de vinho!" E, em Nm 15,5, prescreve-se que o israelita: "fará uma libação, de um quarto de vinho, por cordeiro, além do holocausto ou do sacrifício". Na consagração do Nazareno, em Nm 6,20, encontra-se que, em um determinado momento da celebração, cabe-lhe tomar do vinho: "Depois disso, o Nazireu poderá beber vinho".[6] Em 1Sm 24, o vinho faz parte da oferenda que Elcana e Ana, agradecidos a Deus, fazem, no templo, com o pequeno Samuel, um filho, que crêem ter sido concebido milagrosamente.

O vinho é recomendado, em Dt 14,26, para a família toda celebrar as alegrias da vida diante de Deus. No Livro do Eclesiastes 9,7, é dito: "Anda, come com alegria teu pão e bebe de bom grado teu vinho, pois Deus está contente com tuas obras". E também, o vinho faz parte de presentes, que são ofertados para tentar conseguir a paz. Encontramos, por exemplo, esse caso, em 1Sm 25,18.32-35, quando Abigail, às escondidas de seu esposo Nabal, vai ao encontro de Davi, que marchava contra sua propriedade por ter sido ofendido por ele. A corajosa mulher levava para Davi uma enorme quantidade de pão, vinho, carneiro já preparado, trigo, uvas, pães enriquecidos com uvas secas. E a paz aconteceu.

6. Cf. Nm 15,7.10, onde o vinho é ofertado como calmante aroma para a ira de Javé.

Há diversas referências ao vinho no Livro dos Salmos. Assim, no Sl 4,8, se diz a Javé que a alegria dada por ele é mais abundante e melhor do que o vinho, e que as pessoas ficam contentes quando há abundância de trigo e de vinho. No louvor ao Deus providente, que fornece a abundância da natureza para saciar o ser humano, o Sl 104,24-25 tece elogios ao vinho, juntamente com o pão: "Fazes, Senhor, brotar ... plantas úteis para o homem, para que da terra ele tire o pão e o vinho, que alegra o coração do homem, para que ele faça seu rosto brilhar com o óleo, e o pão fortaleça o coração do homem".

A Bíblia usa o vinho para falar da beleza do amor. No romance Livro dos Cantares ou Cântico dos Cânticos, há frases preciosas. Logo nas primeiras linhas encontramos a amante dizer de modo apaixonado: "Que me beije com beijos de tua boca! Teus amores são melhores do que o vinho!" (1,2) E, em seguida, pede: "Arrasta-me contigo! Corramos! Leva-me, ó rei, a teus aposentos e exultemos! Alegremo-nos em ti. Mais que ao vinho, celebremos teus amores. Com razão as moças se enamoram de ti..." (1,4). A amada sonha em tê-lo em sua casa: "Eu te introduziria na casa de minha mãe e dar-te-ia a beber vinho perfumado e meu licor de romãs" (8,2). O amante, também, por sua vez, recorre ao vinho para falar apaixonadamente dos encantos de sua amada, em Ct 7,3.10, "a cavidade de teu umbigo é como uma taça de vinho e tua boca é vinho delicioso".

Mas as Escrituras Sagradas não deixam de alertar a respeito dos perigos causados pelo vinho. Do Livro dos Provérbios destacamos duas mensagens. "No vinho encontra-se a fonte da zombaria. Na bebida está a insolência. Quem nisso se perde não chega a ser sábio" (Pr 20,1); "Não te encantes com o vinho: 'como é vermelho, como brilha na taça, como desce suave!' No fim o vinho morde como a cobra, e fere como a víbora. Teus olhos verão coisas estranhas e teu coração dirá disparates..." (Pr 23,31-33).

Essas recomendações podem ser complementadas com Eclo 31,29-30. E esse Livro do Eclesiástico 9,9 fortemente alerta: "Nunca te assentes à mesa com uma mulher casada e menos ainda banqueteies com ela tomando vinho, para que o desejo não te desvie para ela e, em tua paixão, escorregues para a perdição". O que é complementado em Eclo 19,2: "Vinho e mulheres desencaminham os sensatos, e quem freqüenta prostitutas perde todo o pudor". E para evitar problemas, o Eclo 31,27-28 dá uma lição importante: "Quando bebido com moderação, o vinho é vida para o homem. O que vale a vida, quando falta o vinho? Ele foi criado para a alegria dos homens. O vinho, bebido a seu tempo e apenas o necessário, é gozo para o coração e alegria para a alma..."

Os Profetas recorrem à imagem do vinho para dar suas contundentes mensagens ao povo. Is 24,9-11, ao falar da cidade destruída, constata que o povo está triste e em grande depressão: "Já não se bebe mais vinho ao som de cânticos... A cidade da desolação está arruinada... Nas ruas clama-se por vinho. Toda a alegria acabou e o júbilo foi banido da terra". Mas quando Isaías anuncia tempos de justiça, paz e abundância, diz, alegremente: "Oh! Vós todos, que tendes sede, vinde à água! Vós, que não tendes dinheiro, vinde. Comprai e comei. Comprai, sem dinheiro e sem pagar, vinho e leite!" (Is 55,1). Outros profetas fazem o mesmo, como por exemplo Jeremias (23,9) quando descreve o que sentiu, em seu êxtase, o impacto das palavras de Javé contra os falsos profetas. E o profeta Joel (4,18), ao descrever a situação paradisíaca que vai acontecer com a restauração de Israel, usa esta lindíssima expressão: "Naquele dia as montanhas gotejarão vinho novo!..."

2. No Novo Testamento

Com o conhecimento sobre o pão e o vinho, já bastante difundido entre os católicos e muitos outros grupos cristãos, por causa da Sagrada Eucaristia, limito-me aqui a algumas recordações. É evidente que Jesus, por ser judeu, herdou conhecimento e amor ao pão e ao vinho, especialmente no que eles carregam de memória histórica para o povo e de simbólico em sua cultura e religião.

Ao longo de sua vida, como consta nos Evangelhos, o trigal, a parreira, o pão e o vinho estão muito presentes, de diversas maneiras e em diferentes circunstâncias. Ele e seus discípulos caminhavam nos campos de trigo e se encantavam com aquela deslumbrante paisagem dourada e prometedora. Uma vez ou outra, seus discípulos, esfomeados ou não, colhiam espigas. Em uma ocasião essa atitude do grupo de Jesus gerou acirrada discussão dos fariseus com Jesus, porque isso acontecia no dia sagrado, o sábado. E, no meio da discussão, Jesus deixou escapar algo inusitado, revelou sua divindade: "O Filho do Homem é o senhor do sábado!" (cf. Lc 6,1-5).

Contemplando o trigal amadurecido, Jesus compara-o com seu campo de trabalho, os homens a serem salvos, conforme a vontade do Pai. E ele diz a seus discípulos: "A messe é grande, mas os operários poucos. Rogai ao Senhor da Messe, que envie operários" (Mt 9,37-38). E, em outro momento de sua vida, ele multiplica pães para saciar a fome de milhares de pessoas (cf. Jo 6,1-71). Aproveita a circunstância para suscitar na multidão a partilha em grupos daquilo que trouxeram e, ainda, para dar uma lição de economia, pois mandou recolher, para não desperdiçar, o que sobrara.

Nas Bodas de Caná, por sugestão de sua mãe, Jesus transforma a água em vinho, livrando, assim, os nubentes de séria dificuldade e da vergonha, por não terem mais vinho (cf. Jo 2,1-12). E Jesus compara a união de seus amigos com ele aos ramos unidos à cepa ou tronco da videira (cf. Jo 15,1-5): "Eu sou a Videira, e vós sois os ramos. Aquele que permanece em mim dá muitos frutos, porque sem mim nada podeis fazer" (Jo 15,5).

Mas a principal relação entre pão e vinho com a pessoa, mensagem e missão de Jesus, situa-se, evidentemente, na Ceia Pascal, a Eucaristia (cf. Lc 22,7-23). Sobre isso já tratamos em outro lugar deste mesmo livro. Jesus, por estar na cultura judaica, escolheu o pão e o vinho, dois alimentos essenciais à vida humana e carregados de simbolismo, para dar vazão a seu amor, a seu desejo de viver em íntima união com seus seguidores. E a maneira que ele escolheu, para viver em nossa vida e fazer-nos viver sua vida, foi a de se dar em alimento por meio da materialidade do pão e do vinho, ambos transformados, quanto à substância, por seu poder divino e, mais ainda, por seu amor: "Tomai e comei; isto é meu Corpo, entregue por vós. Tomai e bebei; este é o sangue da nova e eterna aliança no meu sangue" (cf. 1Cor 11,23-29).

"Corpo e Sangue", na linguagem concreta dos judeus, quer dizer "o homem inteiro", isto é, "o ser humano completo", "o eu humano" (cf. Jo 1,13; Mt 16,17). Cremos que no pão e vinho, consagrados pelo ministro ordenado, está Jesus Cristo inteiro. Cremos que na oração: "Isto é meu corpo: isto é meu sangue", está dito: "Isto aqui, sou eu". Na Eucaristia recebemos, portanto, a pessoa viva de Jesus Cristo Ressuscitado, em modalidade sacramental, mas real.

Os cristãos celebram sua Páscoa, participando da Ceia Pascal, cantando as maravilhas de Deus, celebrando a Palavra e comungando Jesus Cristo, *nossa Páscoa*, nas espécies de pão e vinho. Ora, é evidente que tudo, nessa Ceia, transpire júbilo, exultação, festa. A Comunidade, convocada pelo Ressuscitado (*Ekklesia*), confraterniza-se com a vitória de Jesus Cristo sobre o pecado e a morte. Por ele, com ele e nele, ela oferece a Deus Pai, na unidade do Espírito Santo, a ação de graças maior, o próprio Cristo e, com ele, tudo o que ele conquistou. É ele, o Vitorioso e a plena glorificação do Pai, que vem a nós na comunhão eucarística. Ele nos alimenta e nos envia para com ele colaborar, no continuar fazendo neste mundo a vontade do Pai, até o fim dos tempos.

É importante prolongar a Ceia Eucarística em casa. Em cada lar, uma refeição especial concretize-se em uma ágape familiar, em clima de festividade, de amor e alegria, em certa eucaristia-do-lar. E seria muito oportuno um arranjo de trigo e uva ou pão e vinho para facilitar a conexão com a Ceia Eucarística. E, também, valeria a pena o significativo gesto dos pais abençoando o pão e o vinho e, eles mesmos, partilhando-os.

Convém recordar, porém, que ser cristão não é limitar-se ao "fazer a Páscoa", isto é, confessar e comungar por ocasião da Páscoa ou uma vez por ano. Importa que nos convertamos, efetivamente, à realidade revolucionária de uma Páscoa libertadora, de modo que o "fazer a Páscoa" transforme-se no viver todo dia em situação de ressuscitado, de "Cristão", partilhando com Cristo, sua missão. E, certamente, isso viria transformar profundamente nosso modo de ser e, também, nossa maneira de celebrar e viver a Missa, sacramento pascal de Jesus Cristo, assim como de cumprir nossa missão no mundo.

5

"XPISTÓS" (CHRISTÓS) E CRUZ-RESSURREIÇÃO

1. O Xpistós

Trata-se da estilização das duas letras iniciais do nome *Cristo*, mas em grego. É um costume muito comum na Igreja Católica, especialmente como ilustração nos paramentos litúrgicos, nas toalhas do altar, em ambãos e entalhos de madeira ou metal (altar, sacrários, vasos sagrados etc.), e, também, são colocados em portas e vitrais, certificados de batismo etc. Por desconhecimento de sua origem, nem sempre se sabe o significado da segunda letra, o R, que em grego se escreve como um P. A complicação maior, porém, acontece com a primeira letra, o X (pronunciada como de modo aspirado e arranhado como um j em espanhol). Em latim, ele é Ch (mas sem o som aspirado) e, em português, foi traduzido, no caso do nome de Cristo, por C. Algumas pessoas substituem esse X por uma Cruz, sobre a qual colocam o P, fugindo do simbolismo inicial.

Eis o que sobre esse assunto encontra-se no Catecismo Holandês: "Do tempo cristão antigo, foi-nos conservada uma composição simbólica da Ressurreição que é de grande simplicidade e beleza. As duas primeiras letras da palavra CHRISTUS, em grego (XPISTÓS), cercadas de uma grinalda de triunfo, de onde pombinhas se alimentam (as almas dos fiéis). Embaixo, dois guardas a dormir.

Talvez esse seja um dos símbolos mais indicados para ocupar um lugar de honra nas famílias cristãs, no tempo pascal, pois, se o nascimento do Senhor é representado visivelmente nas casas, por meio do presépio, é lógico, também que a Ressurreição de Cristo tenha seu sinal visível, próprio e específico", que seria o "XPISTÓS".[7]

2. A Cruz-Ressurreição

"Um modo todo particular para lembrar a Ressurreição consiste em representar o Senhor Vitorioso, na Cruz, mas de tal forma que sua atitude é tanto a do Ressuscitado como a do Sofredor, pois no Calvário já resplandece a glória da Páscoa. Essa representação é, de fato, rica de significado, visto que o mistério pascal situa-se no contexto da Paixão-Morte-Ressurreição como um todo e não apenas na Ressurreição de Jesus."[8]

E na história da Igreja já tivemos, em relação a esse assunto, momentos de acentuação, chegando, às vezes, às raias do exagero, ocasionando um profundo desequilíbrio na visão desse Mistério. E, em outra época, a Cruz foi a tal ponto exaltada, que a Ressurreição caiu no esquecimento. Em uma terceira época, deu-se essa acentuação à

7. Conferência Episcopal Holandesa. *O Novo Catecismo, Fé para Adultos*, p. 220. Ed. Herder, São Paulo, SP.

8. Cf. *O Novo Catecismo, Fé para Adultos*, p. 219.

Ressurreição que pouco se lembrava que, para chegar a essa vitória, Jesus Cristo teve de sofrer e morrer.

Corremos sempre o risco da visão parcial e, por isso, devemos estar atentos em situar e relacionar os fatos, sobretudo no que se refere aos acontecimentos do mistério salvífico, e vivenciá-los no hoje de nossa vida. Sabemos que nosso dia-a-dia é um verdadeiro mistério pascal, uma passagem, que na fé deveria ser uma páscoa (*pessach*) de libertação, com o impulso da graça. Na verdade ele é, no mais das vezes, uma mistura de cruz e ressurreição, morte e vida nova anunciando e preparando nossa Páscoa definitiva.

Para relembrar essa mistura de morte e ressurreição, talvez fosse interessante ir substituindo o crucifixo tradicional, aquele com o Jesus ensangüentado em agonia ou morto ou mesmo uma cruz vazia, por essa representação englobante da cruz vazia, tendo, porém, um pano branco ou uma palma de vitória. Essa representação poderia ser mais significativa do que o tradicional crucifixo, para expressar o mistério central do Cristianismo: a Cruz-Ressurreição.

3. O sepulcro vazio e as aparições do Senhor

A representação pictórica do sepulcro vazio, juntamente com as aparições de Jesus depois de sua Ressurreição, é muito comum entre os cristãos e, talvez, de todas as ilustrações, seja a maneira mais bíblica de visualizar, de modo estilizado e sóbrio, a Ressurreição do Senhor. E, de fato, fazendo uma análise dos relatos dos Apóstolos sobre o acontecimento, encontramos unanimidade nos testemunhos que comprovam duas coisas: *o sepulcro está vazio e houve várias aparições do Senhor vivo* a determinadas pessoas, entre as quais se destacam os Apóstolos.

Importa notar — e a partir daqui nos apoiamos, neste capítulo, sobre as informações que fornecem Leonardo Boff,[9] Joseph Ratzinger[10] e o Novo Catecismo[11] a respeito do sepulcro vazio — que o tema tem várias leituras. O sepulcro vazio, em si, não é feito, em nenhum evangelista, prova da Ressurreição. Aliás, segundo os relatos deles, ao invés de provocar a fé, deu origem ao medo, espanto e temor (cf. Mc 16,6; Mt 28,8; Lc 24,4; cf. Jo 20,21-25).

O sepulcro vazio é por si só um sinal ambíguo, portanto, sujeito a várias interpretações, como de fato se deu. Somente as aparições de Cristo ajudaram a esclarecer a ambigüidade do sepulcro. Com essa interpretação os cristãos passaram a ler com a luz da fé o fato do sepulcro vazio, como um importante sinal da Ressurreição do Senhor. O sepulcro sem o corpo de Jesus, apesar das muitas possibilidades de leituras e dúvidas, tornou-se um sinal que falava a todos e levava a refletir, também, na possibilidade da Ressurreição. Era convite à fé. Não levava ainda à fé.

A fé na Ressurreição não encontrou sua origem na

9. BOFF, Leonardo. *A fé na Ressurreição de Jesus em questionamento*, in *Revista Eclesiástica Brasileira*, Dez. 1970, p. 871-895. Ed. Vozes, 1979, Petrópolis, RJ.

10. RATZINGER, Joseph. *Introdução ao Cristianismo*. Ed. Herder, SP.

11. CONFERÊNCIA EPISCOPAL HOLANDESA. *O Novo Catecismo, Fé para Adultos*. Ed. Herder, São Paulo, SP.

descoberta do sepulcro vazio e no testemunho das mulheres, mas nas aparições do Senhor Jesus aos Apóstolos. Como o revelam alguns testemunhos dos Apóstolos. É o caso de São Paulo. Na Primeira Carta aos Coríntios, Paulo apresenta uma lista de aparições de Cristo aos discípulos, mencionando Pedro (cf. 1Cor 15,3-8). Mas é também o caso de Lucas que tem o cuidado de, no discurso querigmático do chefe dos Apóstolos, em At 2,5, relatar que Pedro confessa-se testemunha ocular da Ressurreição.

É, ainda, o caso da insistência de Marcos, ao falar da resistência dos Apóstolos em aceitar o testemunho de alguns discípulos que lhes relatam aparições de Jesus ressuscitado. Recusam, por exemplo, o testemunho de Maria Madalena, a primeira a vê-lo, e, também, de dois discípulos que caminhavam pelo campo e viram o Senhor. A aceitação da aparição somente aconteceu quando o Senhor Ressuscitado se deu a ver aos onze reunidos, quando estavam à mesa (cf. Mc 16,9-14). E Marcos coroa seu relato dizendo que o Ressuscitado "censurou seus Apóstolos e discípulos, pela incredulidade e pela dureza de coração, por não terem dado crédito aos que o tinham visto ressuscitado" (Mc 16,14). E esses testemunhos dos Apóstolos foram muito rapidamente sintetizados, resultando nesta fórmula, que é talvez a mais antiga da fé cristã: "O Senhor ressuscitou verdadeiramente e apareceu a Simão!" (Lc 24,34).

Os Evangelhos, em nível redacional, testemunham um acontecimento que não brotou dos corações dos discípulos, mas que lhes sobreveio de fora, de encontro a sua dúvida, dominando-os e infundindo-lhes a certeza da Ressurreição do Senhor. O que jazera no sepulcro não está mais lá, mas vive. É realmente ele mesmo quem vive, não é um espírito (cf. Lc 24,39) ou um anjo (cf. At 23,8-9).

Por um lado, as descrições revelam a total identidade do Ressuscitado com o Jesus de Nazaré: os discípulos o vêem, ele os deixa tocar em suas chagas (cf. Lc 24,39; cf. Jo 20,20.25-29), com eles come e bebe (cf. At 10,41; cf. Lc 24,43). Por outro lado, também, está completamente claro nessas descrições, que o Cristo Ressuscitado não retornou a sua vida terrestre anterior, como aconteceu, por exemplo, com o jovem de Naim (cf. Lc 7,11-17) e com Lázaro (cf. Jo 11,17ss.). Há uma corporeidade igual, mas diferente, inexplicável. Afirma-se que o Cristo aparece e desaparece, atravessa paredes, não estando, portanto, seu corpo ressurrecto sujeito às leis da química e da biologia, ao espaço e ao tempo, deste mundo. É por isso que os encontros com ele são "aparições". E, a tal ponto, que, no mais das vezes, não é logo reconhecido e, mesmo sendo, continua estranho. Cristo Ressuscitado *somente* é visto mesmo, quando ele concede a visão a quem ele quer, e isso ele o faz àqueles que na fé lhe abrem o coração e a ele se entregam.

Essa dialética no reconhecimento do Ressuscitado é testada com muita clareza nos relatos das vivências do Ressuscitado por Maria Madalena (Jo 20,14-18; cf. Mt 28,9-19) e/ou pelos dois discípulos de Emaús (Lc 24,13-35), relatos que são, por sua vez, cercados de motivos teológicos e apologéticos, para deixar clara aos leitores a realidade do Senhor vivo e presente na

Comunidade. Exemplo clássico dessa dialética e dessa preocupação é a citada narrativa dos viandantes de Emaús, hoje muito em voga na literatura cristã. Examinemo-la um pouco.

Os dois discípulos caminham um longo trajeto, de Jerusalém a Emaús, com o Ressuscitado. Conversam com ele todo o tempo, de modo confiante, como se o conhecessem há muito tempo. E, contudo, eles não o reconhecem, não conseguem identificá-lo como durante a vida terrena, antes de sua morte. É somente na esfera da fé que, então, Cristo deixa vislumbrar algo de si, quando explica as Escrituras. Eles sentem algo diferente, pois percebem que seus corações incendeiam-se, iluminam-se. E continuam a percorrer o caminho, porém, ainda sem se abrirem ao sinal dado pelo Senhor Ressuscitado. A simpatia do caminheiro os fascina. Eles, então, o convidam para que fique com eles naquela noite, pois a tarde já estava avançada. E foi apenas na mesa, na fração do pão, realizada por aquele companheiro tão especial que os olhos deles se abriram e ele foi reconhecido.

Esse modo como os dois chegaram à fé no Ressuscitado, como o relata esse texto privilegiado de Lucas, por sua riqueza de dados e de ensinamentos, é sugerido, pela Igreja, como um referencial para nossa própria caminhada de conversão: Cabe-nos deixar-nos instruir pelo Espírito do Ressuscitado que nos dá ajuda na leitura de fé das Escrituras Sagradas. Elas nos falam de Cristo. E, mais ainda, deixar que nossos olhos se abram pela "fração do pão", a Eucaristia. É, enfim, o caminho pelo qual, na verdade, nós ainda hoje chegamos à fé na novidade pascal: *pela Palavra e pelo Sacramento.*

O relato de Emaús (Lc 24,13-35) segue, aliás, um estilo próprio de Lucas, utilizado também nos Atos, ao narrar a conversão do camareiro etíope por Filipe (At 8,26-39). Em ambas as narrações é possível encontrar os seguintes paralelos: a) o Ressuscitado, e o Diácono Filipe, este, porém, inspirado pelo Espírito, explicam o Antigo Testamento e o relacionam com Jesus Cristo; b) no final, os dois viandantes de Emaús e o camareiro de Atos externam um pedido; c) o ponto culminante do relato reside na recepção de um dos sacramentos. Os Discípulos de Emaús, a Eucaristia; e o camareiro, o Batismo.

Na Igreja primitiva estes eram os dois sacramentos fundamentais da iniciação ao cristianismo: o *Batismo* e a *Eucaristia*. Assim, a fé na Ressurreição, para os tempos pós-apostólicos, baseia-se na pregação e nos sacramentos da Igreja, que testemunham e tornam presente e visível o Cristo Vitorioso.

A profissão de fé na Ressurreição de Jesus é, portanto, resposta ao sepulcro vazio e às aparições. *Somente* elas, porém, realmente tiraram a ambigüidade do sepulcro vazio e deram origem e força vital à exclamação dos Apóstolos: "Ele ressuscitou verdadeiramente!" Contudo, mesmo que não tivessem havido sepulcro vazio e aparições, seria ainda possível e válida a fé na Ressurreição do Senhor. Isso por causa da *Igreja*. Esse é o sentido último, intencionado pelo relato da dúvida de Tomé, em João, capítulo 20, com o veredicto final de Cristo: "Felizes os que não vêem e apesar disso crêem" (Jo 20,29).

terceira parte

Páscoa – Compromisso

"Esperamos ansiosamente, como Salvador, o Senhor Jesus Cristo que transfigurará nosso corpo humilhado, conformando-o a seu corpo glorioso, pelo poder que Ele tem de submeter a si todas as coisas" (Fl 3,21), pois, "por ele foram criadas todas as coisas... tudo foi criado por ele e para ele... e tudo nele subsiste" (Cl 1,15-20).

1

Páscoa Cristã: Fé na Ressurreição

1. A fé na Ressurreição

A Ressurreição de Jesus constitui o centro da fé e da pregação dos cristãos, desde o primeiro momento após os Apóstolos terem chegado à certeza que, de fato, ele havia ressuscitado. E depois de Pentecostes, os primeiros tempos da Igreja foram decisivos no sentido de firmar essa certeza no coração dos que aderiam ao cristianismo. "Seja eu ou sejam eles (os demais Apóstolos), assim pregamos e assim crestes" (1Cor 15,11): eis que Cristo ressuscitou dentre os mortos" (1Cor 15,20).

São Paulo é direto em dizer que de nada vale acreditar em Deus sem a fé na ressurreição de Jesus: "E se Cristo não ressuscitou, nossa pregação fica sem conteúdo e vossa fé sem fundamento e vós estais ainda em vossos pecados" (1Cor 15,17). Firmou-se, então, nos cristãos, a convicção de que, sem a aceitação plena de que Jesus realmente ressuscitou, a fé perde sentido e os Apóstolos não passam de falsas testemunhas, e os cristãos, de pessoas logradas, miseravelmente ludibriadas: "Se for para esta vida que temos colocado nossa esperança em Cristo, somos, de todos os homens, os mais dignos de lástima" (1Cor 15,19). E São Paulo declara que preferia associar-se aos pagãos a ocupar-se com um Cristo imaginário: "Se não há Ressurreição, comamos e bebamos, pois amanhã morreremos" (1Cor 15,32).

Educado na escola do Rabino Gamaliel, inteligente e arguto, conhecedor da cultura de seu tempo, São Paulo é um personagem ímpar na história dos começos do cristianismo, pois deixou por escrito dados importantíssimos, sem os quais não conseguiríamos ter algumas bases essenciais da fé cristã. Foi ele quem registrou, depois dos relatos dos evangelistas, o testemunho mais antigo sobre a Ressurreição de Jesus e sobre a Eucaristia. Ele é o primeiro a escrever, antes mesmo de os textos dos atuais evangelhos existirem. É evidente que o essencial deles era propagado velozmente de voz em voz, de comunidade em comunidade.

Em ambas as narrativas de Paulo sobre a fé na ressurreição, a introdução é a mesma: "Eu vos transmiti o que eu mesmo recebi..." (1Cor 15,3). Há, porém, nesses textos uma semelhança muito grande com o discurso querigmático de Pedro, em At 2-14-36. E a estrutura formal de ambos tem, a grosso modo, o seguinte esquema:

a) Jesus morreu... e foi sepultado;
b) ressuscitou (Deus o ressuscitou dos mortos);
c) de acordo com as Escrituras;
d) apareceu a Simão Pedro (Cefas);
e) e, depois, aos doze (ou "e disso somos testemunhas").

Uma leitura seguida e confrontada dos dois textos evidencia não somente a correlação do esquema, mas a idêntica insistência na prova da Ressurreição, por meio do testemunho e mediante as aparições do Cristo vitorioso aos Apóstolos.

Eis o que escreve São Paulo: "Em primeiro lugar,

eu vos transmiti o que eu mesmo havia recebido: Cristo morreu por nossos pecados, segundo as Escrituras. Foi sepultado, ressuscitou ao terceiro dia, segundo as Escrituras. Apareceu a Cefas e depois aos Doze. Em seguida, apareceu para mais de quinhentos irmãos de uma vez, a maioria dos quais ainda vive, enquanto alguns já adormeceram. Posteriormente, apareceu a Tiago e, depois, a todos os Apóstolos. Em último lugar, apareceu também a mim, como a um abortivo" (1Cor 1,3-8).

E, em seu discurso, São Pedro, como consta nos Atos dos Apóstolos, diz: "Jesus, o Nazareno... entregue, segundo o desígnio determinado e a presciência de Deus, vós o matastes, crucificando-o pela mão dos ímpios. Mas Deus o ressuscitou, libertando-o das angústias da morte (*Hades*), pois não era possível que ele fosse retido em seu poder. A este Jesus, Deus o ressuscitou e, disso, todos somos testemunhas. Saiba, portanto, toda a casa de Israel: Deus constituiu Senhor e Cristo, este Jesus que vós crucificastes" (At 2,22-24.32.36).

2. As tentativas de comprovação da Ressurreição de Jesus

Os quatro Evangelhos, cada um a seu modo, revelam vários acontecimentos para comprovar a Ressurreição do Senhor. Não é possível se chegar a uma harmonia entre os quatro relatos, mas há dois fatos que aparecem claros e indiscutíveis: *o sepulcro vazio e as aparições aos discípulos.* O túmulo vazio, sobre o qual já falamos um pouco, apresenta-se como *uma espécie de assinatura negativa de ressurreição.*

A Morte foi vencida em seu próprio terreno, nesse corpo de que se havia apoderado na Sexta-feira Santa.

A história do que se contava a respeito da Ressurreição e as tradições orais das testemunhas mostram a existência, no começo do cristianismo, não apenas de várias percepções do que aconteceu, mas, outrossim, a preocupação de se atender à realidade do momento. Havia, por exemplo, segundo as circunstâncias, a necessidade de colocar a fundamentação das Escrituras, se o público era de israelitas; ou na busca de fundamentação em argumentação lógica, filosófica e teológica, se o público era de gregos; ou, ainda, na construção de refutações, se o público estava sendo influenciado por interpretações consideradas errôneas, sobre a novidade religiosa que era Jesus Cristo. Tentar, portanto, reconstruir, a partir dos relatos dos Evangelhos, os acontecimentos pascais é muito difícil, pois os resultados são muito fragmentários, e mesmo questionáveis. É importante deixar claro que os escritores sagrados não estavam preocupados pelo rigorismo histórico, como hoje o entendemos, mas com a mensagem religiosa a ser transmitida.

Contudo, e isso é imprescindível deixar evidenciado, a fé cristã não se baseia num mito, num imaginário, mas numa história, em testemunhos de vivências de pessoas com credibilidade. E, por ser assim, sempre haverá interesse em buscar esclarecer o "como foi" e o como ficou o corpo de Jesus Cristo ressuscitado, que conseguia aparecer e desaparecer, passar paredes. Jesus ressuscitado, diante do espanto, do medo, da confusão dos Apóstolos, procurava provar-lhes que estava vivo e para isso pedia para nele tocarem, pedia algo para comer... Mas, mesmo não tendo o rigor histórico, os relatos da Ressurreição, que se encontram nos evangelistas, têm como pano de fundo histórico os seguintes pontos principais:

a) A Prisão de Jesus fez com que se realizasse o que ele havia previsto: "Todos irão escandalizar-se de mim" (Mc 14,27; Mt 26,31). E, de fato, os discípulos fugiram chocados e decepcionados com o fracasso do mestre (cf. Mc 14,5; Mt 26,56).

b) Eles o revêem ressuscitado primeiramente na Galiléia, pois, segundo o machismo reinante na época, o testemunho da mulher não valia (cf. Mc 14,28; Mt 26,32; Mc 16,7; Mt 28,7.16-20). Muito possivelmente o relato dos discípulos de Emaús, que é uma construção de diversas fontes recebidas, está subordinado ao regresso dos discípulos à Galiléia, após o fracasso de Jesus em Jerusalém.

c) Mesmo sem valor histórico para a mente machista, os textos registram o testemunho das mulheres sobre suas vivências pascais. O nome e o número delas variam nos quatro Evangelhos. E somente Maria Madalena consta em todos eles. As mulheres vão ao sepulcro levar aromas para o cadáver de Jesus (cf. Lc 24,1; Mc 16,1). Sabem que o sepulcro está fechado, mas certamente, não sabem que fora selado e guardado por vigias. E elas se perguntam como vão conseguir arredar a pedra de entrada, que normalmente era grande (cf. Jo 20,1; Mc 16,4; Mt 28,2; Lc 24,22). E como não sabem o que irá acontecer, elas vão com muito medo. Depois do que viram e experimentaram, foram correndo informar os Apóstolos sobre o sepulcro vazio, os panos dobrados, os anjos e a recomendação para que eles encontrassem Jesus na Galiléia (cf. Mt 28,8; Lc 24,9s; Jo 20,2s.; Mc 16,7).

d) Um fato importante para a fé na Ressurreição de Jesus aconteceu alguns dias depois: "Depois de seis dias" (Mc 9,2; Mt 17,1) ou "uns oito dias depois" (Jo 20,27), dizem os evangelistas, revelando um distanciamento de tempo em relação ao fato do sepulcro vazio. E, ainda, alguns deles são situados na Galiléia, chamando a atenção de um local geográfico importante para eles e Jesus (cf. Mc 16,7; Mt 28,7.16-20; Mc 9,28; Mt 26,32).

Várias vezes, relatam os textos bíblicos, o Ressuscitado se deixa ver por seus discípulos. As interpretações imediatas que eles fazem dessas aparições são as mais desencontradas e confusas. Mas elas são lidas, em seguida, como sinais evidentes de que realmente tratava-se de Jesus de Nazaré, agora ressuscitado, exaltado junto de Deus, em vida eterna, na glória. As aparições tornaram-se para eles, a partir do testemunho selado por demonstrações inequívocas, provas inquestionáveis da Ressurreição de Jesus.

Os discípulos, os primeiros cristãos e, depois, todos os cristãos ao longo da história, lêem nos acontecimentos pascais não somente a revelação suprema do amor maior de Deus para conosco, concretizado no Jesus histórico e no Cristo da fé, o Jesus ressuscitado. Eles lêem neles, também, um fato escatológico, como realização plena e acabada da história da vida e missão de Jesus, agora manifestado como o Messias, o Cristo, o Filho de Deus, verdadeiramente homem e verdadeiramente Deus, e ainda, o destino escatológico da História da Salvação. A partir dessa fé e dessa convicção, anunciar Jesus Cristo, como o Salvador e Juiz universal e seu reinado sobre todas as coisas, passou a ser a missão principal dos Apóstolos e de toda a Igreja.

Os relatos bíblicos, apesar de precários, contêm os dados fundamentais a partir dos quais emergiu e se firmou a fé na Ressurreição de Jesus, que é escândalo para quem não tem o dom de crer (cf. 1Cor 23; At 17,32; 23,6-9), mas é esperança e certeza de vida eterna para os que crêem (cf. 1Cor 15,50s.). Essa fé possibilitou aos discípulos distinguirem o sentido de tudo o que tinha acontecido antes e experimentado juntos, na companhia de Jesus. Essa fé, a partir da qual a recordação das palavras e ações de Jesus de Nazaré, de sua paixão e morte, passava a ter um caráter único e um extraordinário valor para ser coletada e passada com entusiasmo às gerações futuras. Fé que sendo crença fundamental da nova comunidade, deu nascimento à Igreja, dinamismo missionário e coragem profética, especialmente nos momentos de sofrimento e perseguição.

A fé no Cristo Ressuscitado, essência mesma do cristianismo, revoluciona por completo a vida de quem acolhe generosamente o chamado ao seguimento de Jesus. Primeiramente dá um novo e definitivo sentido para a vida e a morte. Antropologicamente, nós somos, por natureza, um ser peregrino (*homo viator*, no sentido de ser humano em construção, a caminho). Vivemos continuamente em busca de nós mesmos, de nossa razão de ser neste mundo, da razão de ser do sofrimento e da morte e em busca de uma resposta a respeito do pós-morte. Queremos não apenas respostas intelectuais, com argumentos sólidos e satisfatórios, mas a realização plena de nossa vida, em todas as suas dimensões. E nessa busca, desejamos a todo o custo superar todas as alienações que nos afligem, tais como a dor, a frustração, o ódio, a violência, a morte. Queremos vida, vida com sentido, vida realizada, vida plena.

Mas, antropologicamente, tenhamos fé ou não, sonhamos com aquela situação descrita no Apocalipse: "a morte não existirá mais, nem mais o luto, nem o pranto, nem a fadiga, porque tudo isso já passou" (Ap 21,4). Mas, dramaticamente, deparamo-nos com a inevitável decepção, pois nosso sonho e nossa ânsia de realização pessoal e cósmica, plena e eterna, são barrados pela morte e pela incerteza do que poderia acontecer no depois da morte.

A humanidade buscou muitos tipos de solução e de teoria para explicar esses mistérios, sobretudo o de como seria o depois. As filosofias de vida, as ciências e as religiões construíram e continuam elaborando diversos e conflitantes arrazoados e esboços de resposta. O cristianismo também. Sua resposta, porém, está na Ressurreição de Jesus Cristo, como vitória sobre a morte e como futuro absoluto do ser humano. Jesus Cristo estabelece o Reino de Deus. Ele destrói o pecado e todas as suas conseqüências espirituais, nas pessoas, na sociedade e no cosmos e coloca o germe da transfiguração deste mundo, para que ele seja, de fato, segundo o Plano salvífico de Deus. Mas ele quis confiar em colaboradores seus, para efetuar essa transfiguração do mundo: os cristãos, energizados com a graça da páscoa. E, além de tudo isso, ele nos deu a certeza que nos faz vislumbrar a vida eterna feliz, nele e com ele, coroamento do Plano Salvífico: *nós ressuscitaremos!*

2

Páscoa Cristã: Compromisso com a Vida

O ter e viver a fé na Ressurreição de Jesus Cristo e, conseqüentemente, em nossa própria ressurreição, não diminui em nada, porém, nosso compromisso histórico como seguidores de Jesus com este mundo, tal qual existe e funciona. Pelo contrário, nós nos tornamos ainda mais cidadãos deste mundo, comprometidos plenamente com ele, com as pessoas, os grupos, as comunidades, as sociedades, a história, a busca de felicidade... É que o testemunho de vida de quem realmente vive com o Ressuscitado concretiza-se no ser e fazer o que Jesus de Nazaré fez e pediu que seus seguidores o fizessem. Ora, o que ele manda ser e fazer é que vivamos o amor, colocado por ele como a marca distintiva de seus seguidores: "Dou-vos um mandamento novo: que vos ameis uns aos outros como eu vos amei. Nisto todos reconhecerão que sois meus discípulos, se tiverdes amor uns pelos outros" (Jo 13,34-35); "O que vos mando é que vos ameis uns aos outros" (cf. Jo 15,17).

Mais tarde, tentando explicitar o que haviam captado e compreendido do ensinamento de Jesus, alguns Apóstolos registraram por escrito suas convicções. Citemos apenas dois exemplos. São João Evangelista ensina que não devemos amar somente com palavras, com a língua, mas com ações e em verdade (cf. 1Jo 3,18), porque, quem ama de verdade os irmãos conhece a Deus, já que Deus é amor (cf. 1Jo 4,8). Se alguém ama a Deus, mas não ama seu irmão, diz São João, é mentiroso. E ele explica "quem não ama a seu irmão a quem vê, a Deus a quem não vê não poderá amar" (1Jo 4,20). São Paulo coloca o amor como o dom maior a que devemos aspirar acima de todos os demais (1Cor 12,12) e, em seguida, ele descreve as formidáveis e exigentes características do amor segundo o cristianismo, no texto que se convencionou denominar Hino da Caridade (1Cor 13,1-13).

Mas, a implicação existencial mais forte da fé no Ressuscitado, que condiciona radical e revolucionariamente o modo de viver, na prática, seu seguimento como seus discípulos e seu mandamento novo, encontramos em outro trecho, contundente, a Parábola do Juízo Final (cf. Mt 25,31-46). O Cristo glorioso apresenta-se escandalosamente identificado com o faminto, o sedento, o sem roupa, o sem teto, o encarcerado, o enfermo... Eis o que, sobre o assunto, escreve Santo Agostinho, no século IV: "Cristo está glorioso no céu e, ao mesmo tempo, é indigente aqui na terra. Ele interpela junto ao Pai por nós e, aqui na terra, nos pede o pão, o nosso pão. Por isso, meus irmãos e senhores, se queremos celebrar uma Páscoa de salvação, passemos dos pecados à justiça, padeçamos por Cristo, apascentemos os pobres, levando-os a Cristo".

O que fizermos a um de seus menores irmãos, ele o diz, será considerado como feito diretamente a ele, o Filho de Deus, o Ressuscitado. Disso dependerá, no final de tudo, nossa entrada ou não no Reino definitivo do Pai (cf. Mt 25,31-46).

Quando em vida, como Jesus histórico, assim consta no Evangelho segundo São Lucas, ele assumiu como seu projeto de vida o conteúdo de uma passagem do livro do profeta Isaías. Ele mesmo havia escolhido e proclamado, na Sinagoga de Nazaré, este trecho bíblico: "O Espírito do Senhor está sobre mim, pelo qual ele me consagrou pela unção e me enviou para evangelizar os pobres. Ele me enviou para proclamar a libertação aos presos e aos cegos a recuperação da vista; para restituir a liberdade aos oprimidos e para proclamar um ano da graça do Senhor" (Lc 4,18-19; cf. Is 61,1-2).

Em seguida, Jesus iniciou seu comentário da palavra proclamada, dizendo, laconicamente: "Hoje se cumpriu, a vossos ouvidos, esta passagem da Escritura" (Lc 4,21). São Mateus refere-se a esse Projeto Messiânico, quando os discípulos de João, a seu pedido, perguntam se Jesus é o enviado de Deus ou ainda seria preciso ficar esperando por outro. A eles respondeu Jesus exatamente relatando o que consta na passagem do Profeta Isaías, dando-lhes, assim, a chave para a identificação dele como Messias: "Ide e contai a João o que ouvis e vedes", querendo dizer que, por suas obras, ele revelava sua identidade. João, bom conhecedor das Escrituras, faria a leitura correta da resposta do Mestre e encontraria a resposta certa (cf. Mt 11,2-6).

Quem conseguir introduzir em sua vida de fé e viver essas recomendações de Jesus é testemunha de sua ressurreição e é uma pessoa pascal, pois está comprometida com a passagem (*pessach*) das pessoas, de situações desumanas para situações de dignidade, próprias de um ser humano. É, também, uma pessoa comprometida com a libertação, pois, além da ajuda direta às pessoas, colabora na busca de solução das verdadeiras causas que geram e mantêm na exclusão tanta gente empobrecida, oprimida e excluída da sociedade. O Reino de Deus, que terá sua plenitude na vida eterna feliz em Deus, atinge a pessoa em seu todo e não apenas em sua dimensão espiritual. Isso significa que a realidade socioeconômica, cultural e religiosa, inclui os Direitos Humanos, com a justiça e os valores humanos, toda a realidade humana e também ecológica e cósmica. A fé não nos aliena deste mundo, mas nos compromete com ele, caso contrário caímos na condenação, conforme nos diz São Tiago, Apóstolo: "A fé sem obras é completamente morta!" (Tg 2,17). Tudo isso, que é indispensável aqui neste mundo, está, porém, condicionado à realização plena do Reino de Deus na vida eterna feliz.

O cristianismo é inaceitável sem sua dimensão escatológica. *Eschaton*, em grego, significa os últimos acontecimentos do mundo. A dimensão escatológica é a vitória final de Deus sobre o mal e a morte e o que vem depois desse término que é a vida eterna, o Reino de Deus definitivo. Essa escatologia tem uma amostra neste mundo, pois Jesus Cristo Ressuscitado é, em pessoa, o Reino definitivo de Deus. Sua ressurreição sela para sempre a presença da Vida Eterna (*Zoe*) dentro da vida finita neste mundo (*bios*). Em Jesus está a resposta a nossa angústia existencial: não a morte, mas a vida é a última palavra que Deus prometeu sobre o destino humano. Com essa certeza, a esperança pode reinar neste mundo, pois "Jesus ressuscitou dos mortos como primícias dos que morrem" (Rm 8,29) e o homem então possui razão de viver, crer e esperar.

É certo, garante-nos nossa fé, que por meio do Cristo Ressuscitado, o germe da ressurreição foi depositado dentro da realidade do homem e da mulher, também na corporeidade que lhes é integrante e da qual não podem ficar privados, a não ser temporariamente, até a ressurreição dos mortos, conforme nos prometeu o próprio Jesus. É certo, também, que as forças do século futuro ou a vida eterna (cf. Hb 6,5) já estão agindo no coração do mundo e de cada pessoa humana: "Quem crer em mim, mesmo que morra, viverá" (Jo 11,26; 3,15-16; 3,36; 5,27), e que aqueles que se revestem de Cristo (cf. Gl 2,3.24) são criaturas novas (cf. 2Cor 5,17). O estar-em-Cristo já são primícias de vida ressuscitada, de continuidade na vida eterna, após a morte (cf Fl 1,23; 2Cor 5,8; 1Ts 5,10). Nós seremos transformados como Jesus o foi (cf. Fl 3,21). E tudo o que no homem e na mulher está em germe receberá a realização plena e seu caráter definitivo na escatologia pessoal, na hora da morte e no dia da ressurreição final.

A ressurreição, diz nossa fé, não é um fato privado e exclusivo de Jesus. Nela estamos todos envolvidos e, também, todo o universo. A missão libertadora de Jesus implica nossa ressurreição e a realização plena de toda a criação. Acontecerão a humanidade plena e o cosmos redimido. Jesus é a humanidade nova, é o novo Adão, "no qual, todos somos vivificados" (1Cor 15,22). O Concílio Vaticano II ensina que: "Esta obra da redenção humana e a perfeita glorificação de Deus, Cristo a realizou, principalmente pelo mistério pascal de sua bem-aventurada paixão, ressurreição e gloriosa ascensão" (SC 5) e que "o Reino já está presente em mistério aqui na terra. Chegando o Senhor, ele se consumará" (GS 39).

Há necessidade, nessa época de tantas doutrinas contraditórias sobre Jesus Cristo, de reafirmar nossa fé e nela crescer. Para isso necessitamos investir em nossa formação para maior convicção, vida de oração, participação na comunidade eclesial, compromisso com a missão de Jesus. E, ainda, para testemunharmos que ele, o Ressuscitado, está no meio de nós e que, com ele, quando chegar nossa vez, também ressuscitaremos. É preciso, nesse revigoramento de nossa fé, colocar em destaque a Páscoa, a maior festa cristã "a primeira e provavelmente a única festa celebrada pelo cristianismo do século I ao século III".[12] Páscoa é a festa da libertação plena, trazida por Jesus, é a festa do presente, iluminado pelo Cristo Ressuscitado e, também, da garantia para nós do futuro vitorioso de Deus, já presente como esperança. Páscoa é, na verdade, o *já agora*, embora *ainda não* totalmente realizado, da dimensão escatológica do Reino de Deus.

Páscoa é a festa da grande passagem, passagem de Deus que liberta do pecado e de suas conseqüências; passagem do homem, portanto, libertação de seus pecados e da concretização deles em egoísmo, injustiças, corrupção, violência. Páscoa é festa da ousadia profética, dos que crêem na ressurreição e, por isso, se colocam no dinamismo da busca de vida nova, da luta contra todas as espécies de alienações humanas e cósmicas, que estão atrapalhando o Plano de Deus de um mundo feliz para todas as pessoas e para a natureza. Páscoa é a festa dos que alimentam sempre, na Igreja e no mundo, a esperança do fim glorioso definitivo: a Páscoa Eterna.

12. Cf. *Ecclesia.* Revista espanhola, 1937, p. 230, Madri, Espanha.

Bibliografia

Bíblia de Jerusalém. Ed. Paulus, 2002, São Paulo, SP.

Boff, Leonardo. *A fé na ressurreição de Jesus em questionamento*, in Revista Eclesiástica Brasileira (REB), dezembro de 1970, p. 871-895. Ed. Vozes, 1970, Petrópolis, RJ.

______. *O despertar da Águia – o dia-bólico e o sim-bólico na construção da realidade*. Ed. Vozes, 2000, Petrópolis, RJ.

Bouer, Louis. *Le mystère Pascal*. Ed. Du Cerf, Paris, França.

Conferência Episcopal da Holanda. *Fé para Adultos – O Novo Catecismo*. Ed. Heder, São Paulo, SP.

Dufour, Xavier León. *Vocabulário de Teologia Bíblica*. Ed. Vozes, 1999, Petrópolis, RJ.

Durwell, F. X. *La Réssurrection de Jésus, mystère de Salut*. Ed. Xavier-Mappuis, Paris, França.

Grelot, P.; Pierron, J. *La nuit e les fêtes de Pâques*. Ed. Du Cerf, Paris, França.

Grollenberg, L. *A Nova imagem da Bíblia*. Ed. Herder, São Paulo, SP.

Haag-Ausejo. *Diccionario de la Bíblia*. Ed. Herder, Barcelona, Espanha.

Hammer, Joseph. *Quand Jésus vivait parmi nous*. Ed. Alsatia, Paris, França.

Junngmann, J. *L'Église en prière*. Ed. Desclée de Brower.

RATZINGER, Joseph. *Introdução ao Cristianismo*. Ed. Herder, São Paulo, SP.

Revista Ecclesia, 1937, p. 230, Madri, Espanha.

ROBERT ET FEUILLET. *Introduction à la Bible*. Ed. Desclée de Brower, Paris, França.

Sites na Internet sobre os diversos assuntos referentes ao tema Páscoa.

Vaticano II. "Lumen Gentium". A Igreja. Ed. Vozes, Petrópolis, RJ.

Vaticano II. "Gaudium et Spes". Ed. Vozes, Petrópolis, RJ.

VV.AA. *Ecclesia*. Ed. Bloud et Gay, Paris, 1927, França.